Ich lebe meinen Lebensstil

Mein aufrichtiger Dank gilt

Gisela Nehrbaß

Ohne ihre Beteiligung und Motivation,
wäre dieses Buch nicht entstanden

Nicole Wendschuh

Für die Satz- und Covergestaltung

Ernst Crameri

Ich lebe meinen Lebensstil

Keine Kompromisse, kein Bangen, kein Warten, kein Leiden, endlich leben

Bibliografische Information der Deutschen Nationalbibliothek
Die Deutsche Nationalbibliothek verzeichnet diese Publikation
in der Deutschen Nationalbibliografie; detaillierte bibliografische Daten sind im
Internet über http://dnb.d-nb.de abrufbar.

Crameri-Naturkosmetik GmbH Beauty&Wellness
1. Auflage
Druck in Deutschland

ISBN: 978-3-86689-027-5

Inhaltsverzeichnis

Vorwort Hermann Scherer

Liebe Leser, liebe Leserin,

seinen eigenen Lebensstil zu leben, und das Ganze noch jenseits vom Mittelmaß, ist die hohe Kunst. Wir haben kein ewiges Leben und es gibt in der Tat „Ein Leben vor dem Tod" und dazu möchte ich dich herzlichst einladen. Nimm dein Leben in deine Hände und folge dem Höchsten.

Ernst Crameri, der Top-Buchautor und einer der besten Referenten im In- und Ausland ist es wieder gelungen, ein Meisterwerk zu schaffen. „Ich lebe meinen Lebensstil" und nur diesen. Nutze die Chance dieses Buch zu lesen, es durchzuarbeiten und komme sofort in die Umsetzung. Ich durfte Ernst Crameri schon oft bei seiner excellenten Arbeit beobachten und auch die gigantischen Ergebnisse, welche daraus entstanden sind, sehen.

Hole dir nicht nur das Buch, sondern lasse dich von ihm auch coachen. Nutze diese Chance, denn es bringt große Veränderung. Zu der entscheidenden Frage, wer bin ich wirklich und was will ich nie wieder. Du kannst weiterhin so leben wie bisher, mit den immer gleichen Ergebnissen. Du kannst aber auch den Königsweg gehen, und dich von einem absoluten Meister seines Faches begleiten lassen. Natürlich kostet das Geld, was kostet es dich aber, wenn du so weiter machst wie bisher? Kostet es dich da nicht weitaus mehr und letztlich sogar dein Leben?

Ernst Crameri das Schweizer Urgestein aus den St. Moritzerbergen weiß, wovon er spricht und er kann dir auf einfache Art und Weise helfen. Nichts kompliziertes, sondern zügig mit den passenden Ergebnissen. Sein VIP Tages-Durchbruchs-Coaching ist legendär und ein Begriff in der Branche. Da wo andere Monate/Jahre brauchen, schafft er es innerhalb von einem Tag. Sodass du dich erkennst und weißt, was dein Weg ist, mit dem dazu notwendigen Wissen.

Aus meiner Sicht sehr empfehlenswert die Power-Mastermind, alle vier Wochen treffen sich Hochkaräter, um Geniales daraus entstehen zu lassen. Ein super Konzept für Menschen, die mehr aus ihrem Leben machen möchten. Die nach höherem Streben und auch der Meinung sind, genau das Leben verdient zu haben. Ich bewundere Ernst Crameri für seinen Tatendrang, seine Energie und seine nimmer müde werdende Schaffenskraft, die Großartiges hervorbringt.

Als Gewinner des internationalen Speaker Slam Awards hat er neue Maßstäbe in der Branche gesetzt, was es heißt, aus dem Stegreif heraus innerhalb von fünf Minuten ein großes Publikum, und die sehr kritische Fachjury zu begeistern. Nutze die Chancen die Ernst Crameri zu bieten hat und es verändert deine Welt zum Positiven.

An dieser Stelle möchte ich mich bei ihm bedanken, hier das Vorwort schreiben zu dürfen. Das ist mir eine besondere Ehre, der ich sehr gerne nachkomme und auf diesem Wege wünsche ich dir lieber Leser und Ernst Crameri, das Allerbeste auf eurem Lebensweg. Mache stets eine Meisterleistung, gib immer mehr, gehe weit über das Mittelmaß hinaus und sei auch du eines der Glückskinder, die mit einer gewissen Leichtigkeit durchs Leben tanzen.

Dir lieber Ernst auf viele weitere wundervolle Jahre mit dir zusammen, den Austausch und die pure Lebensfreude genießen und leben zu dürfen. Den Lesern ganz viel Spaß und Lebensfreude, den eigenen Lebensstil voll und ganz zu leben.

Dein absoluter Fan

Hermann Scherer

Vorwort

Liebe Leser,

endlich kann ich nur sagen, ist es wieder soweit. Oh Mann, seit Wochen und Monaten habe ich kein Buch mehr geschrieben und das ist schade. Es ist wie mit allem im Leben, wenn du es fest in dein Leben integriert hast, läuft es wunderbar. Aus irgendeinem Grund fällst du raus und das war es in der Regel. Dieses Phänomen hatte ich jetzt schon ein paar Mal und letztlich ist es doof. Es gibt der Welt unendlich viel zu sagen und du fällst aus einer absoluten Banalität raus und kriegst dich fast nicht mehr ein. Erst ein Seminar letzte Woche hat mich motiviert, dass ich mir geschworen habe, am Montag anzufangen und hier bin ich jetzt.

Wenn auch du solche Momente in deinem Leben hast, bitte ich dich auf die berühmte Reset-Taste zu drücken und loszulegen. Es ist solch ein Traum, und mich erfüllt eine unendliche Dankbarkeit, dass es jetzt wieder soweit ist. Es macht mich glücklich und genau das geschieht auch mit dir. Wir müssen aufpassen, dass uns der berühmte Alltag mit seinen vielen Möglichkeiten, nicht immer wieder aus der Bahn wirft. Das geht so schnell, ein kleiner Moment der Unachtsamkeit und schon ist es passiert.

Wieso schreibe ich dieses Buch, weil es mir eine absolute Herzensangelegenheit ist. Ich sehe überall Menschen die nicht ihr Leben, ihren Lebensstil leben. Das ist traurig, denn es kommt der Tag, an dem wir auf dem Sterbebett liegen und dann war es das. In dem Moment gibt es kein zurück mehr und alles was wir verpasst haben, können wir nie mehr nachholen. Es ist aus und vorbei, genau das darf nicht mehr sein. Sein eigenes Leben zu finden und zu leben, das ist das Schönste und Wichtigste, was wir Menschen erreichen können.

Das Leben findet jetzt statt und nicht irgendwann. Darüber sollten wir uns im Klaren sein. Viele Leben so, als wäre das Leben im Moment die Generalprobe und irgendwann fängt erst das richtige Leben an. Was für ein Irrtum, dem wir fast alle unterliegen. Es gibt hierzu eine klare Aussage „Leben duldet definitiv keinen Aufschub!“

Lebe dich ab heute sofort im Hier und Jetzt. Erde dich, besinne dich auf das Wesentliche und dann stehe zu dir. Das ist ein solch wichtiger Faktor, dass du dir ab sofort treu bist. Du musst nicht mehr den anderen Menschen gefallen, denn mit diesem Verhalten machst du dich abhängig und genau das gilt es unter allen Umständen, zu vermeiden. Lebe auch du in der absoluten Freiheit deines Seins.

Dieses Buch dient dazu, dich zu finden und zu leben. Leben als das wertvollste aller Güter auf dieser Erde. Was nützen dir die schönsten Häuser, Villen, Autos, Reisen, Partys, Yachten, Jets, Hubschrauber und vieles mehr, wenn du nicht dein Leben lebst? Eine unendliche Leere tritt ein und genau das solltest du auf alle vermeiden.

Auch ich habe jahrelang, ja schon fast jahrzehntelang irgendein Leben gelebt. Konditioniert von meinen Eltern und von meinem gesamten Umfeld. Ich spürte dabei, da muss noch viel viel mehr sein. Es machte mich nicht glücklich, es hat mir immer etwas gefehlt und das machte mich oft traurig und ungehalten. Immer wenn ich versucht habe auszubrechen, hat mich das Umfeld wiederum versucht zurück zu holen. Das war ein definitiver Teufelskreis und es hat ewige Zeiten gedauert, da endlich in die absolute Freiheit zu gelangen. Ich bin mir sicher, du wirst dich immer wieder in diesem Buch erkennen und es dient dir auch dazu, endlich den Mut aufzubringen und dir für immer treu zu sein. Ja absolute Treue dir selbst gegenüber ist das Größte, was ein Mensch für sich erschaffen kann.

Bitte laufe jedoch nicht in die Falle von „Jetzt habe ich es gepackt!“ Denn jeder Tag bringt dir jede Menge neuer Herausforderungen, an denen du wachsen kannst. Jeder Tag ist eine neue Chance, ob du das wahrhaben möchtest oder nicht. An jedem Tag gibt es zig Aufgaben zu lösen, und nur wenn du diese für dich löst, ist es ein erfülltes und glücklich machendes Leben. Denn wer glaubt, dass er es gepackt hat, dass er fertig ist, ist in der Tat fertig und dies ist wahrlich alles andere als gut und clever.

Deswegen freue ich mich jetzt sehr, dass du gemeinsam mit mir auf die Reise kommst. Auf die Reise zu dir selbst, in dein Inneres, da wo dein größter Lebensschatz, das Glück vergraben ist. Es ist solch eine spannende Reise, es wird ein Auf und Ab sein. Du wirst Momente des absoluten Glückes erleben und Momente, von unendlicher Traurigkeit. Tränchen können fließen und alles ist gut, so wie es ist. Lass es fließen, nimm es einfach an.

Ich verwende das du um dich direkt und vor allem deine Seele anzusprechen. Sollte es für dich nicht in Ordnung sein, mache aus dem du ein sie.

Jetzt wünsche ich dir von ganzem Herzen alles erdenklich Liebe.

Herzlichst

dein Ernst Crameri

Du hältst ein Mitmachbuch in der Hand

Du kaufst ein Buch, liest es und das war es auch schon. So läuft es doch meistens ab und innerhalb von wenigen Tagen ist das Gelesene in der Regel bereits vergessen. Dies habe ich auch selbst jahrzehntelang praktiziert. Letztlich schade für die Zeit, die damit und dadurch verloren ging. Denn ein Buch sollte stets zur Nachhaltigkeit beitragen, nur dadurch ist der Sinn erfüllt.

Ein Mitmachbuch hat eine andere Energie

Immer dann, wenn du dich selbst reinkniest, rein begibst, hat es auch die nötige Nachhaltigkeit. Du hast dieses Buch gekauft, weil es dich angesprochen hat, der Inhalt dir was bringen soll und genau das machen wir jetzt auch. Wenn du das Buch gelesen hast, hast du deinen neuen Lebensstil für dich gefunden.

Du bekommst zwei sehr schöne Aufgaben mit

Aufgabe Nummer eins, du liest eine halbe Seite, dann hältst du inne, und reflektierst über das Gelesene. Was hat das mit dir aktuell zu tun. Wo findest du dich wieder, was spricht dich am meisten an und wo siehst du Handlungsbedarf? Was geschieht, wenn du es umsetzt und die neue Form in deinem Leben implementierst? Dann schreibst du bitte deine Erkenntnis oben in das weiße Feld. Das wäre jetzt auf dieser Seite oben über dem Titel.

Schreibe dir bitte deinen Merksatz auf. Genau das Gleiche machst du mit der zweiten Hälfte des Buches, aufmerksam lesen, innehalten, reflektieren und danach schreibst du unten, neben der Buchseite deinen Input auf. Die zweite Aufgabe, immer die Fragen beantworten, nicht auf irgendwann verschieben. Das gibt dir ein gutes Gefühl und du arbeitest an dir selbst. Das ist im Übrigen die schönste Form der Arbeit, welche es überhaupt gibt.

Vielleicht nervt dich das auch

Das kann ich gut verstehen und weißt du was, auch mich hat es immer wieder genervt. Denn ich wollte nur eines, in Ruhe konsumieren, aber niemals aktiv etwas tun. So sind wir Menschen, öfters träge und lustlos. Wir spüren, dass einiges nicht in Ordnung ist, sind aber nicht bereit, eine Änderung herbeizuführen. Wenn, dann oft nur unter großem Leiden, wenn der Leidensdruck so riesig geworden ist, dass es nicht mehr anders geht. Wieso so lange warten, es ist doch sinnvoller bereits im Vorfeld aktiv zu werden.

Mache es bitte immer gleich

Das möchte ich dir sehr ans Herz legen, tue es immer gleich. Von der ersten Minute an, auch wenn es dich noch so sehr reizt, weiter zu lesen. Danach hast du fast keine Lust mehr, das Ganze nochmals zu lesen und in die Arbeit zu gehen. Du willst doch etwas erreichen, dann hilf bitte mit, dass es etwas wird. Du wirst dir womöglich die ersten paar Tage ein wenig schwertun, danach läuft es buchstäblich von allein. Als hätte es für dich nie eine andere Welt gegeben. Alles, was neu ist, da tun wir uns am Anfang schwer und danach wird es zur absoluten Normalität.

Deine Quintessenz

Wenn du ein Kapitel erarbeitet hast, lese bitte nochmals all deine Merksätze durch. Lass jeden einzelnen Satz in dir kurz wirken und spüre, was dieser mit dir macht. Was für Gefühle kommen in dir hoch, was geschieht in diesem Moment mit dir? Wie fühlt es sich an, wie sehr berührt oder trifft es dich? Was hat das zu bedeuten und welches ist die Botschaft dahinter? Nimm dir ausreichend Zeit dafür.

Was berührt mich

Nur wenn mich etwas berührt, dann rührt es mich auch etwas zu tun. Ganz einfach und doch im Alltag oft schwer es umzusetzen. Das ist schade, läuft doch unsere Lebensuhr kontinuierlich. Jeder Tag, der vorbei ist, ist wahrlich vorbei und kommt auch nie wieder. Keine Chance, denn wir können die Zeit weder stoppen, sparen, oder kaufen. Die Uhr läuft und läuft und eines Tages ist es vorbei mit uns und unserem Leben. Das dazwischen nennen wir dann Leben und die große Frage, die sich hier stellt, ist und war das wirklich unser Leben?

Schreibe die fünf wichtigsten Merksätze auf

Wenn du dir die Zeit gegeben hast, dann schreibe die fünf wichtigsten Merksätze auf. Immer am Ende des Kapitels hast du dafür Platz. Schreibe sie gleich auf und damit hast du sie manifestiert, das ist ein super Gefühl. Danach solltest du bitte nicht mehr weiterlesen, auch wenn es dich noch so sehr juckt. Der Reiz ist natürlich definitiv groß, schnell weiter zu lesen. Mir geht es heute noch so, obwohl ich die Regel der Manifestierung sehr gut kenne.

Schließe die Augen und sehe es vor deinem geistigen Auge

Das ist eine großartige und wundervolle Hilfe, ich bin selbst jedes Mal aufs Neue überrascht. Das macht viel mit dir, dieses innehalten und in jeden Merksatz einzutauchen. Wir sind heutzutage einfach zu schnell unterwegs. Wir legen ein sehr hohes Tempo an den Tag. Alles soll noch schneller gehen, kaum mehr Zeit der Besinnung. Die Ablenkungen dazu sind auch riesig, siehe nur als Beispiel das Internet. Das ist in jeder Hinsicht ein Eldorado und man kann sich darin völlig verlieren. Es gibt nie ein Ende, von einer Seite zur nächsten Seite und immer tiefer und tiefer. Solange bis wir uns selbst und die eigene Lebenszeit verloren haben.

Gehe jeden einzelnen der fünf Merksätze durch

Verharre ein paar Minuten bei jedem Merksatz. Fühle dich rein, was macht dieser Merksatz mit dir? Wie geht es dir damit? Dann nochmals von vorne, immer tiefer eintauchen, bis du damit völlig eins bist. Welch ein Traum, diesen speziellen Weg zu gehen.

Eine wundervolle Hilfe sind Karteikärtchen

Es gibt im Fachhandel wunderschöne kleine Kärtchen, nimm diese und schreibe dir nach jedem Kapitel deine Quintessenz auf. Tue es bitte immer sofort und es wird zur Gewohnheit.

Schreibe Karteikärtchen

Ich liebe Karteikarten, vor allem die kleinen. Hier schreibst du die Quintessenz von jedem Kapitel auf. Bitte immer, wenn ein Kapitel zu Ende ist, da ist alles noch frisch. Was machst du mit den Karteikärtchen? Natürlich permanent lesen, als Beispiel hier in der Reihenfolge, wo überall.

- Im Bett
- Im Bad
- Vor dem Frühstück
- Im Auto/Bus/Zug/U-Bahn/Straßenbahn
- Vor der Arbeit
- In der Pause
- In der Mittagspause
- Auf dem Heimweg
- Nach dem Abendessen
- Vor dem Einschlafen

Vielleicht schlägst du jetzt die Hände über dem Kopf zusammen, weil du es dir nicht vorstellen kannst. Das ist völlig normal, denn auf die Idee muss man erst mal kommen. Schauen wir es uns im Detail an und dann kannst du immer noch entscheiden, ob du diesen Weg gehen möchtest oder nicht, dies liegt einzig und allein in deinen Händen.

Im Bett
Du wachst morgens auf und zückst gleich die Karteikarte, dann liest du den Text laut vor. Jeden einzelnen Merksatz und halte kurz inne, danach reflektierst du, was er für dich bedeutet. Das ist ein wichtiger Prozess morgens nach dem Aufwachen. Denn es ist die Phase, wo du noch im Betazustand bist.

Im Bad
Du stehst auf und gehst ins Bad, legst die Karteikarte hin und liest die Merksätze erneut laut vor. Nimm dir unbedingt die Zeit zur Vertiefung, das tut dir sehr gut. Während du auf der Toilette sitzt, nochmals lesen. Nach dem Zähneputzen kannst du es wieder laut sagen und so geht es weiter.

Vor dem Frühstück
Vor dem Frühstück liest du es erneut laut vor. Es kann sein, dass dir das Ganze etwas komisch vorkommt, oder deine Mitbewohner den Kopf schütteln, nach dem Motto „Was ist denn jetzt los? Völlig abgefahren, oder was?“ Das macht nichts, das wirst du noch öfters, auf deinem Weg der Veränderung erleben.

Im Auto/Bus/Zug/U-Bahn/Straßenbahn
Auf dem Weg zur Arbeit das gleiche Spiel. Wenn du selbst Auto fährst, machst du die Übung an der Ampel. In den öffentlichen Verkehrsmitteln kannst du es still und leise machen. Ansonsten ist laut deutlich besser, denn da hast du den berühmten Doppeleffekt, du liest und hörst es. Das ist die ideale Vorgehensweise.

Vor der Arbeit
Bevor du loslegst, lies dir die Merksätze erneut durch. Halte kurz inne und reflektiere, dann kannst du dich der Arbeit widmen. Du kannst sicher sein, dass es in deinem Inneren weiterarbeitet. Dein Unterbewusstsein ist damit beschäftigt, und während du deiner Arbeit nachgehst, läuft es automatisch ab.

In der Pause
Wenn du in die Pause gehst, halte einen Moment inne und lese es wieder laut vor. Das Gleiche, wenn du zurück zur Arbeit gehst. Wichtig ist, dass du das Ganze zelebrierst und es zu einem festen Bestandteil in deinem Leben werden lässt.

In der Mittagspause
Erneut vorlesen und vertiefen, ich nutze meine Mittagspause auch zum Laufen. Das tut gut und durch die Bewegung schaffen wir noch eine wesentlich stärkere Manifestierung des Ganzen.

Auf dem Heimweg
Die Arbeit ist getan, du kannst völlig happy sein und wieder geht es eine Runde ins geistige Training. Du entspannst, kommst zur Ruhe, der ideale Zeitpunkt für diese Arbeit.

Nach dem Abendessen
Vor und nach dem Abendessen geht es nochmals zur Sache. Vertiefung, Vertiefung und nochmals Vertiefung, das ist ab sofort deine Devise und neue Welt.

Vor dem Einschlafen
Der krönende Abschluss des Tages im Bett, bevor du einschläfst. Dadurch verankert sich das Ganze noch stärker und kann über Nacht wirken.

Du kannst stolz auf dich sein

Du hast wesentlich mehr geleistet, als die meisten Menschen jemals in ihrem Leben tun werden. Wenn du das zur Gewohnheit werden lässt, gelangst du in eine andere Dimension. Circa 15 Mal am Tag hast du die Merksätze gelesen. Wenn du das eine Woche lang machst, bist du bei 105 Mal. Merkst du, was etwas Konsequenz ausmacht? Deswegen hast du nicht weniger Zeit, sondern in Zukunft weitaus mehr.

Arbeite mit Postern

Das ist die nächste sensationelle Idee und hilft ungemein. Überall wo es irgendwie geht, hänge Poster oder auch Plakate auf. Auf diesen hältst du die Quintessenz fest. Dadurch kannst du die Sätze permanent lesen. Nachfolgend einige Orte, wo es gut passt.

- Im Schlafzimmer
- Im Bad
- In der Küche
- Im Wohnzimmer
- Im Büro
- Im Flur

Das sind einige Orte, mit Sicherheit findest du noch weitere. Das macht Spaß, am Anfang mag es dir komisch vorkommen. Im Laufe der Zeit gewöhnst du dich daran und es wird zur Selbstverständlichkeit. Selbst wenn du komische Blicke erntest, lasse dich bitte nicht irritieren. Gehe deinen Weg des Erfolges und davon gehe ich aus, dass du diesen auch anstrebst. Vielleicht fragst du dich jetzt, für was du die Karteikarten benötigst? Ganz einfach, doppelt hält besser und genauso solltest du auch vorgehen.

Arbeite unbedingt mit Hörbüchern

Das finde ich die absolute Krönung, denn damit hast du die Freiheit und kannst es überall hören. Auch während du andere Dinge tust. Siehe als Beispiel Autofahren, Duschen, Laufen, Essen und, und, und. Wie kommst du schnell zu Hörbüchern, das ist simpel. Du hältst dein Buch, mit den für dich wichtigsten Passagen und Merksätzen in der Hand. Dann nimmst du es mit deinem Smartphone als MP3 auf. Wenn du das Gesprochene mit Musik unterlegst, ist die Krönung perfekt, dadurch erlebst du doppelten Spaß.

Stelle dir vor, du gehst morgens nach dem Aufwachen hin und schaltest das Gerät ein, bis du aus dem Haus gehst. Das ist in der

Regel gut eine Stunde Lerntime. Je nachdem wo du zur Arbeit hin musst, hast du nochmals Zeit. Mittags, wenn du laufen gehst, ich hoffe, dass du das tust. Wieso ist Bewegung so wichtig, weil wir Menschen reine Bewegungsnaturelle sind. Die Bewegung an der frischen Luft tut sehr gut und wirkt in jeder Hinsicht inspirativ. Abends auf dem Nachhausweg die Wiederholung, das schafft eine unglaubliche Manifestierung.

Bilde eine Mastermindgruppe

Wenn du das Wissen jetzt für dich selbst hast, ist das sehr wertvoll. Wenn du es aber richtig vertiefen möchtest, ist es unbedingt erforderlich, dass du es mit anderen Menschen teilst. Hier gibt es die wunderbare Aussage von

„Geteiltes Wissen ist doppeltes Wissen!"

Reflektiere darüber, wie wertvoll das ist? Wenn du etwas nur für dich hast, ist das nett. Teilst du es jedoch mit anderen Menschen, verarbeite das Ganze und tausche dich mit anderen aus. Dies ist eine andere Ausgangsbasis. Es gibt verschiedene Orte, an denen du eine Mastermindgruppe bilden kannst. Wichtig ist im Leben, dass du es tust und nicht wartest.

- Online
- Offline

Online

Das Internet bietet eine Menge an Chancen und Möglichkeiten, das ist faszinierend und diese gilt es zu nutzen. Die gesamten Social Media Netzwerke sind dazu prädestiniert. Mit deiner Gruppe kannst du dich regelmäßig austauschen und das Thema vertiefen.

Offline

Ich bin nach wie vor der Meinung, online ist sehr gut und wundervoll. Es kann aber niemals offline, das reale Leben ersetzen.

Dies gehört nach wie vor dazu, das wird auch so bleiben. Selbst wenn einige Stimmen anderer Meinung sind. Sich im realen Leben zu treffen und auszutauschen, ist die Königsklasse.

Nutze alle Möglichkeiten, die sich dir bieten

Das möchte ich dir ans Herz legen, nutze wirklich alle Chancen, die es gibt, damit du den größtmöglichsten Nutzen aus dem Buch für dich herausziehen kannst. Beachte dabei, wenn du es nicht tust, vergeudest du wertvolle Lebenszeit und das solltest und darfst du dir nicht mehr leisten. Nie und Nimmer mehr, Wachstum, geistiges Wachstum ist von allergrößter Bedeutung.

Permanente Wiederholung schafft Wirklichkeit

Für mich ist das ein prägnanter Satz. Permanentes Wiederholen, genau da gilt es hinzukommen. Nicht ein wenig und danach womöglich noch halbschwanger. Das ist das Schlimmste, was du machen kannst. Bleibe dran und gib bewusst Vollgas. Wie lange hat es gedauert, bis du soweit warst, wie du heute bist? Das hat doch viele Jahre gedauert, und jetzt soll alles auf einmal vorbei sein? Ich bitte dich, das kann nicht funktionieren. Hier ist ein starkes Durchhaltevermögen gefragt.

Erwarte keine Wunder

Das ist wichtig, dass du dich nicht in die Enttäuschung bringst. Wenn die Erwartungen zu hoch sind, dauert es nicht lange und die Enttäuschung ist vorprogrammiert. Meinst du, das ist besonders lustig? Oh nein, das brauchst du nicht. Wieso soll man sich quälen, das ist doch töricht.

Denke an Olympiateilnehmer

Ich nehme gerne dieses Beispiel zur Hand, denn wie lange müssen die Sportler bis zur Olympiade trainieren? Das ist aus meiner Sicht der pure Wahnsinn, und all das, um eventuell ein Stück Gold, Bronze oder Silber in der Hand zu halten. Und wie viele machen es? Es sind Millionen von Menschen, die davon träumen, aber die wenigsten schaffen es zugelassen zu werden. Von diesen stehen aber immer nur drei auf dem Podest. Welch ein Aufwand, ein Akt und jeden Tag stehen neue Leute auf, stürzen sich ins Rennen.

Beim Vergleich mit Olympiateilnehmern, wo stehst du

Das ist eine berechtigte Frage? Ja, wo stehst du, wenn du dich mit den Olympiateilnehmern vergleichst? Wie viel Durchhaltevermögen legst du an den Tag? Probiere es einfach ein Mal, vielleicht zwei Mal und dann war es das in der Regel? Aber so kann und wird es nichts werden, es ist schade für deine kostbare Lebenszeit, welche du dadurch buchstäblich zerstörst. Ist es das, was du tatsächlich möchtest? Ich glaube nicht, denn du bist doch angetreten, um etwas zu bewegen. Lasse es uns überprüfen, wer du im Moment bist und wieso.

Nun folgt die erste schriftliche Aufgabe, erledige diese bitte sofort und nicht verschieben. Die Erfahrung hat eines gezeigt, wenn wir etwas verschieben, wird es nichts mehr. Kennst du das auch, bestimmt und ist es gut? Sicherlich nicht, denn du hast das Buch gekauft, um etwas in deinem Leben zu verändern. Folglich nutzt du das wundervolle Potenzial und erschaffst dir eine neue Welt. Eine traumhafte Welt, von der du schon immer geträumt hast. Lasse diese entstehen und nie wieder los.

Halte fest, wer du bist, und fülle bitte alle zehn Positionen aus. Möge es dir noch so banal erscheinen. Nachher reduzieren wir das Ganze, damit wir dich hundertprozentig erfassen können. Hier eine kleine Starthilfe „Bei ich bin“ schreibe als Beispiel hin „Ein Malermeister.“ Bei wieso „Beruf gelernt“ und seit wann „1989.“ Vielleicht bist du auch Vater oder Mutter, ein Musiker, ein Golfer und vieles mehr.

Ich bin?	**Wieso?**	**Seit wann?**
1.) ______________________	____________	_________
2.) ______________________	____________	_________
3.) ______________________	____________	_________

4.) ______________________ ____________ _________

5.) ______________________ ____________ _________

6.) ______________________ ____________ _________

7.) ______________________ ____________ _________

8.) ______________________ ____________ _________

9.) ______________________ ____________ _________

10.) _____________________ ____________ _________

Wie ist es für dich, was hast du für ein Gefühl? Wenn ich das bei meinen Coachings oder auf den Seminaren mache, ist es für die Teilnehmer am Anfang komisch. In erster Linie ist es jedoch ungewohnt, aber daran kann man sich schnell gewöhnen. Es ist übrigens dringlich, dass man sich mit der eigenen Person auseinandersetzt. So lernt man sich kennen, lieben und respektieren. Alles entscheidende Parameter, um weiter zu kommen.

Solltest du es womöglich nicht gemacht haben, tue es bitte jetzt. Nochmals, du machst das nicht für mich, ich bin der Autor und dein Lebenscoach. Es geht um dein Leben, und die ideale Performance. Diese schaffst du nicht so im Handumdrehen. Ich kenne es zur Genüge von mir, gehöre auch zu denen, die gerne verschieben und der Meinung sind, dass man es später machen könnte. Was für ein Blödsinn. Was du heute kannst besorgen, verschiebe nicht auf morgen. Der morgige Tag bringt neue Aufgaben mit sich.

Reduktion auf drei Bereiche, die am meisten auf dich zutreffen

Natürlich ist jeder Mensch vielschichtig und vielseitig, wir wollen es aber auf den Punkt bringen. Reduktion auf das Wesentliche, was macht dir am meisten Spaß und bringt Lebensfreude? Womit kannst du dich am besten identifizieren, wo fühlst du dich am wohlsten? Analysiere deine zehn Punkte und suche die für dich wichtigsten drei heraus. Vielleicht kannst du nun erkennen, wie wichtig es ist, alle zehn Punkte ausgefüllt zu haben.

Ich bin?	**Wieso?**	**Seit wann?**
1.) ____________________	______________	__________
2.) ____________________	______________	__________
3.) ____________________	______________	__________

Wie empfindest du? Als ich es das erste Mal gemacht habe, war es komisch für mich. Mich mit mir selbst zu identifizieren, das war eine große Aufgabe. Denn wer hat es einem sonst beigebracht? Die Eltern, der Kindergarten, die Schule, der Lehrherr, der Partner, wohl kaum. Also mussten wir uns da selbst reinschicken, wie es treffend heißt. Kannst du dich dabei erkennen, fühlst du dich wohl damit? Wie ist das Feeling?

Reduktion auf deinen wichtigsten Punkt

Nun ist es an der Zeit, dass du dich auf den wichtigsten, herauskristallisierten Punkt konzentrierst. Folglich kommst du zu einer Entscheidung. Schaue dir die drei Bereiche, welche du aufgeschrieben hast an, und notiere deinen Hauptpunkt.

Ich bin?	**Wieso?**	**Seit wann?**
1.) ____________________	______________	__________

Du kannst stolz auf dich sein. Du hast es gepackt und das ist ein wundervolles Gefühl. Es ist herrlich, ein Meisterwerk zu vollbringen. Auch wenn du womöglich der Meinung bist, dass es nicht so spannend war. Oh doch, du gehörst hiermit zu den rühmlichen 2 – 3% der Menschen, die es wirklich schaffen, in ihrem Leben und es getan haben. Denn 97 – 98% der Menschheit, die dieses Buch lesen, füllen die Rubrik nicht aus.

So wie man sich bettet, so liegt man

Das ist die wundervolle Aussage des Volksmundes. Ich finde diese faszinierend und klasse. Denn sie trifft den Nagel genau auf den Kopf. Nur so geht es, wir sind für das, was wir tun und nicht tun, verantwortlich. Denn so habe ich es in meiner Hand und damit niemand anderes. Wenn du es getan hast, kannst du sehr stolz auf dich sein.

Dein Fazit: ____

Wer möchtest du wirklich sein

Ist das nicht eine wundervolle Frage, ich liebe sie. Denn sie beinhaltet alles, in ihr liegt viel Kraft und Dynamik. Wer möchtest du sein, das ist der erste wichtige Schritt, in ein neues Leben hinein. Denn einmal bist du das, was du jetzt bist und dann gibt es die andere Seite, von dem was du wirklich sein möchtest. Da liegen oft Welten dazwischen und es ist nicht erbauend, dies sehen zu müssen.

Lebst du wirklich dein Leben

Auf diese Frage antworte ich für dich mit einem klaren Nein. Woher ich das weiß, es ist einfach, auch hier sind es wieder gut 97 – 98% der Menschheit, die es nicht tut. Wenn die wüssten, wie schade und traurig das ist. Es ist fatal und schlimm, du könntest jemand ganz anderes sein. Nämlich du selbst und du lebst ein anderes Leben. Weißt du wie fatal das ist, wirklich schlimm und zugleich traurig.

Hast du ein komisches Gefühl

In dem Moment, wo man anfängt, sich mit sich selbst zu befassen, hat man oft ein komisches und ungutes Gefühl. Man fühlt sich dabei nicht wohl. Denn tief in seinem Inneren spürt man, dass es so nicht sein kann und darf. Es macht einem unglücklich und unzufrieden. Aber die Angst sich damit zu befassen, ist vorhanden und das ungute Gefühl. Änderung ja, aber vielleicht nicht total. Das nennen wir dann das

„Halbschwangere Prinzip!"

Kennst Du das Prinzip, das ist weder noch. Also letztlich rein gar nichts. Keine gute Geschichte, darum ändere es und fange an, endlich zu dir zu stehen. Dies verlangt und bedingt, dass du den berühmten Tatsachen ins Auge schaust.

Wer und was möchtest du wirklich sein

Das ist die Thematik, wer und was möchtest du sein, ist das nicht spannend? Ich finde schon, habe immer damit gearbeitet, davon geträumt, sodass meine liebe Mutter bis zum heutigen Tage zu mir sagt

„Mein lieber Ernst, du warst schon immer ein Fantast!"

Ist das nicht ein wundervolles Kompliment? Ich finde es traumhaft und fühle mich geehrt. Denn es trifft genau den Kern meines Lebens. Ja, ich bin stolz darauf und werde es auch bleiben. Ich hoffe, dass du davon etwas für dich mitnimmst. Du dich der Gedankenwelt eines Fantasten anschließen kannst. Es ist wunderbar und weißt du, was das Großartige ist, du darfst es auch sein. Lasse es unbedingt zu und dein Leben gewinnt an völlig neuen Dimensionen. Ich freue mich für dich, dass du das Geschenk annimmst. Schreibe nachfolgend auf, wer du gerne sein möchtest und wieso. Sollte der Platz nicht ausreichen, klebe ein weiteres Blatt Papier in das Buch. Dann die letzte Frage, seit wann hegst du diesen Wunsch? Viel Spaß und los geht es.

Ich möchte gerne sein?	Wieso?	Seit wann?
1.) ______________________	______________	__________
2.) ______________________	______________	__________
3.) ______________________	______________	__________
4.) ______________________	______________	__________
5.) ______________________	______________	__________
6.) ______________________	______________	__________

7.) ____________________ ____________ ________

8.) ____________________ ____________ ________

9.) ____________________ ____________ ________

10.) ____________________ ____________ ________

Wie ist dein Feeling dabei, sich den Träumen hinzugeben? Bei meinen Schulungen kommt dann fast von allen Teilnehmern „Es ist nicht leicht!" Weißt du, wie fatal das ist? Denn es gab in deinem Leben eine Zeit, da hattest du damit keine Probleme. Erinnerst du dich daran? Ja, es war die Zeit, wo du ein kleines Kind warst. Was wolltest du da nicht alles sein und haben. Es gab buchstäblich keine Grenzen, alles schien möglich. Dann wurdest du größer und die ach so klugen Erwachsenen haben immer mehr versucht, dir ihren Stempel aufzudrücken, von wegen

„Sei doch vernünftig und realistisch!"

Kennst du das, vernünftig, was ist denn vernünftig? Wer entscheidet, was vernünftig und realistisch ist? Doch jeder Einzelne für sich und da solche Dogmen von Generation zu Generation weitergegeben werden, bleiben sie wie Pech und Schwefel haften. In Indien nennt man das, die berühmten Kasten. In eine Kaste rein geboren und bis ans Lebensende dortgeblieben. So ähnlich ist es auch bei uns, dabei geht es schöner und besser.

Wer und was möchtest du am liebsten sein

Jetzt gehen wir wieder zur berühmten Reduktion, das macht unendlich viel Spaß, aus der großen Zahl runterzubrechen, auf drei Punkte. Komme zu einer klaren Entscheidung und warte nicht damit. Warten ist übel, möchtest und kannst du dir das leisten? Ich glaube nicht und darum halte dich vollends daran.

Ich möchte gerne sein?	Wieso?	Seit wann?
1.) ____________________	______________	__________
2.) ____________________	______________	__________
3.) ____________________	______________	__________

Wie empfindest du? Es geht in deinem Leben in erster Linie um dich. Du bist das Wichtigste in deinem Leben. Das war schon immer so, als kleines Kind wusstest du es hundertprozentig. Dann hat man dir im Laufe der Zeit etwas anderes beigebracht, von wegen „Nicht immer nur du!" Da die Erziehungsberechtigten dabei stets meisterlich verfahren und als ob sie es wüssten, dass permanente Wiederholung Wirklichkeit schafft, waren sie nimmermüde es zu wiederholen. Manche tun das oft ein Leben lang, und wenn du permanent solche Sachen hörst, glaubst du es eines Tages. Es wird zu einem Teil von dir, du bildest mit deiner Familie eine sogenannte Mastermindgruppe und wiederholst es.

Mit der fatalen und schlimmen Auswirkung, dass du andere und zwar deine Lieben in den Sumpf mit reinziehst und es für dich selbst auch noch manifestierst. Wie furchtbar, schrecklich und verrückt ist diese Nummer. Da kann ich dich nur bitten, steige schnell aus dieser Kiste aus und besinne dich eines ganzheitlichen Lebens. Das ist in jeder Hinsicht klüger und erbauender.

Von drei auf eins = Konzentration auf das Wesentliche

Ich liebe es, mich immer wieder festzulegen. Zuerst ist viel da und dann wird es immer weniger und weniger. Irgendwann habe ich es geschafft und mich erreicht. Ja, ich habe mich erreicht, mein Innerstes, meine Krönung, meine eigene Schöpfung. Es ist jedes Mal ein Freudenfest, wie ein Ankommen zu Hause. Kennst du das Gefühl, ich wünsche es dir von Herzen. Jetzt ist es soweit, wer möchtest du wirklich sein? Schreibe es ohne lange zu zögern auf, der erste Gedanke ist der richtige.

Ich möchte gerne sein?	**Wieso?**	**Seit wann?**
1.) ____________________	______________	__________

Herzlichen Glückwunsch, du hast es geschafft. Gehörst zu den rühmlichen Ausnahmen und kannst stolz auf dich sein. Klopfe dir auf die Schulter. Halte kurz inne, atme tief durch und freue dich des Lebens. Spreche bitte folgende Worte

„Ich bin absolut großartig, ich bin sehr stolz auf mich!"

Vielleicht findest du es seltsam, das ist nicht schlimm, du bist es nur nicht gewohnt. Es gehört aber dazu, dass du dich immer wieder lobst. Wenn du auf andere warten willst, kannst du womöglich ein Leben lang warten und dabei verhungern.

Dein Fazit: ____

Wieso bist du es nicht

Tja, wieso bist du es nicht, obwohl du es sein könntest? Ich weiß, das ist eine gemeine Frage, aber eine berechtigte. Denn alle Menschen könnten wesentlich weiter sein, als sie sind und jemals sein werden. Das ist wunderschön und auf der anderen Seite wirklich fatal. Stelle dir vor, du hast 100% Kapazität und lebst mit 5 – 10%. Ist das normal und vernünftig? Natürlich nicht, es ist sogar fatal, unter seinen Fähigkeiten zu leben.

Wieso leben die meisten Menschen unter ihrer Kapazität

Das ist simpel, es ist die Macht der Gewohnheit, die vielen Gebote und Verbote, die ein Menschenkind im Laufe seines Lebens abbekommen hat. Eine wirklich furchtbare Konditionierung, die ihresgleichen sucht. Gut, als Kind hatte man ja kaum eine Alternative, als Jugendlicher schon wesentlich mehr. Als Erwachsener, das heißt, mit Erreichung der Volljährigkeit sollte das Dilemma abgeschlossen sein.

Angst ist ein tragendes Hemmmittel

Viele Institutionen und hier vor allem eine sehr große, operieren heute noch mit der Angst. Was hat man damals versucht, uns Angst einzujagen, damit wir lieb und gehorsam sind. In die Hölle sollten wir sonst kommen und der Zugang war vorne am Altar. Unter Todesangst haben wir den Zugang gesucht und natürlich nicht gefunden. Heute weiß ich, dass Himmel und Hölle in jedem Menschen vorhanden sind. Eltern jagen ihren Kindern Angst ein. Du kennst bestimmt das Spiel von „Wenn du nicht lieb bist, hat dich Mami auch nicht mehr lieb!“ Ja, wie abartig ist denn das? Das ist eine der schlimmsten Konditionierungen, die man überhaupt vom Stapel lassen kann.

So verängstigt fehlt der Mut

Darum ist es verständlich, dass der Mensch Angst hat und nichts unternimmt. Alles beim Alten lässt, obwohl einiges schrecklich und grausam ist. Es wird fleißig kommuniziert, dass man nicht zufrieden ist und die Nase langsam aber sicher gestrichen voll hat. Die Angst ist aber wesentlich größer und deswegen lebt man ein Leben lang unter solch schrecklichen Umständen, die alles andere als gut und erbauend sind.

Der Preis ist immens hoch

Das solltest du wissen, der Preis, den du für solch ein Verhalten bezahlst, ist hoch. Es kostet deine Lebensqualität, nimmt dir im Laufe der Zeit sogar die Lebensfreude und all das nur, weil man sich nicht traut und Angst hat. Hier heißt es für Abhilfe zu sorgen, damit die Sorgen nachher nicht überbordend werden. Sonst gehörst du auch zu den unerkannten Genies, die auf den Friedhöfen liegen, weil sie zeitlebens verpasst haben anzufangen, und das Leben in die eigenen Hände zu nehmen.

Dieser Frage gehen wir jetzt nach

Das können wir nicht so stehen lassen und gleich zum nächsten Kapitel übergehen. Dies unterscheidet auch das Buch von vielen anderen Werken. Wir gehen tief ans Eingemachte, wie es so schön heißt. Schauen uns dein Inneres an, denn dort spielt die berühmte Musik und nirgendwo anders. Nur wenn wir dies klar analysieren und den tatsächlichen, deinen Gründen auf den Grund gehen, besteht daraus die Chance, die Veränderung einzuleiten. Wir sprechen klar von der großen und immerwährenden Veränderung.

Habe keine Angst dem Leben in die Augen zu schauen

Das ist ein entscheidender Punkt, fürchte nichts mehr, als die eigene Unfähigkeit, ein tolles Leben zu leben. Es ist das Schlimmste, alles andere ist ein reines Kinderspiel dagegen und du gewinnst es. Wenn du dich auf den Weg machst und durch nichts, aber gar nichts beirren lässt. Nicht einmal durch dich selbst, denn da hast du buchstäblich die größte Arbeit. In diesem Buch geht es um die endgültige und für immerwährende Verabschiedung, jeglichen negativen Gedankens.

Schreibe nachfolgend alle Punkte auf, die dazu geführt haben

Sei unendlich dankbar und glücklich, dass du jetzt soweit bist und es genau in diesem Moment zur Sache geht. Es geht um die Aufklärung deines Lebens, denn das wird eines Tages zu Ende sein. Dann wäre es bei der berühmten Endabrechnung doch unangenehm sagen zu müssen, dass man ein wenig rum geplempert hat. Weitaus schöner ist es, jederzeit sagen zu können „Ich habe alle Register gezogen, hatte ein volles und erfülltes Leben. Ich wollte noch ein wenig auf dieser Erde bleiben, aber so ist es auch gut, dass ich heute gehen muss." Was hältst du davon, das hat doch was oder, wenn du dir diese Freiheit erarbeitest. Aber es passiert nicht von alleine und deshalb machen wir uns auf den Weg.

Halte alles fest, was dir einfällt, ohne zu zensieren. Was sind deine Hinderungsgründe, in erster Linie sind es meistens mehrere, die dazu geführt haben. Darum schreibe bitte alle auf, ohne lange nachzudenken. Es gibt die wundervolle Aussage, wer anfängt zu denken und zu überlegen, hat verloren. Das Theater des Verlierens gehört für uns jedoch der Vergangenheit an.

Deine Hinderungsgründe?	**Wieso?**	**Seit wann?**
1.) ____________________	____________	__________
2.) ____________________	____________	__________
3.) ____________________	____________	__________
4.) ____________________	____________	__________

5.) ______________________ ____________ _________

6.) ______________________ ____________ _________

7.) ______________________ ____________ _________

8.) ______________________ ____________ _________

9.) ______________________ ____________ _________

10.) _____________________ ____________ _________

Wie geht es dir nun? Gut oder schlecht, mir ging es damals sehr schlecht. Als ich erkannt habe, wie viel kostbare Lebenszeit ich verplempert habe. Ich konnte es kaum fassen und war nahe daran, in eine tiefe Depression zu verfallen. Das wäre in diesem Fall das Dümmste, was man tun kann. Denn was nützt eine Depression, doch nichts. Viel wichtiger ist zu erkennen, wie doof und vielleicht auch bescheuert, man durchs Leben gegangen ist. Es gehört aber der Vergangenheit an und da kann man ja bekanntlich nichts mehr ändern.

Was waren deine drei schlimmsten Hinderungsgründe

Damit dein Schmerz dich noch ein wenig aufbauen kann, tauchen wir weiter in die Tiefe. Wie heißt es treffend, den berühmten Tatsachen ins Auge zu schauen, schafft Abhilfe und deshalb freue ich mich sehr darüber, mit dir gemeinsam diesen Weg gehen zu dürfen. Reduziere jetzt deine 10 Punkte auf drei.

Deine Hinderungsgründe?	**Wieso?**	**Seit wann?**
1.)		
2.)		

3.) ____________________ __________ ________

Empfindest du mehr Schmerz, ist vielleicht noch Wut mit dabei? Auch das wäre völlig normal, lasse es ruhig einen Moment zu. Denn das hilft aus dem unendlichen Schmerz heraus, schnell in die Veränderung zu gehen.

Jetzt schauen wir deinen schlimmsten Hinderungsgrund an

Ab ins berühmte Finale, wie sieht es da aus, was war oder ist noch der stärkste Hinderungsgrund für dich? Das gilt es anzuschauen und sofort in die Veränderung zu gehen.

Stärkster Hinderungsgrund? **Wieso?** **Seit wann?**

1.) ____________________ __________ ________

Herzlichen Glückwunsch für die schnelle Erledigung. Du bist auf dem richtigen Weg, weil du nichts mehr verschiebst und genau so macht man es. Arbeite immer nach der Maxime

„Was du heute kannst besorgen,
das verschiebe nicht auf morgen!"

Ich finde diese Aussage wundervoll und kann sie nur bestätigen. Wenn du nicht jeden Tag eine Meisterleistung an den Tag legst, wirst du deines Lebens nicht mehr Herr, das ist grausam. Müssen wir uns das tatsächlich antun?

Dein Fazit: ____________________________________

Deine negativen Glaubenssätze zerstören

Hast du es für dich herausgefunden? Du entdeckst immer wieder negative Glaubenssätze. Jeder Glaubenssatz ist wie ein Saatkorn und hat eine Aufgabe, aufzugehen. Das ist alles und es wird genau dies tun. Darum ist es wichtig, da genauer hinzuschauen. Es gibt keinen Sinn derart unkontrolliert vor sich hinzuleben. Das ist fatal und du bist dadurch nur der Spielball von anderen Menschen. Möchtest du das, ich kann es mir nicht vorstellen.

Du hast die Wahl, positiv oder negativ zu sein

Ist das nicht wundervoll, ich liebe es und bin dankbar dafür. Es hat lange gedauert, bis ich es gecheckt habe, wie das Spiel läuft. Es ist so leicht und hat in der Tat auch simple Spielregeln. Das ist aber das Problem, durch diese einfachen Spielregeln, kommt es zu einem Chaos. Das heißt, der Mensch checkt es nicht, dass es so leicht ist, in den Erfolg einzutreten und ihn zu leben.

Du hast es buchstäblich in deiner Hand

Die meisten glauben das nicht, fühlen sich abhängig von allen anderen, von dem System. Sie sind förmlich darin gefangen und sehen keinen Ausweg. Das ist fatal, selbstverständlich gibt es einen Ausweg. Es gibt meistens mehrere Ausgänge, du musst nur dazu bereit sein, dich auf den Weg zu machen. In der Bibel steht passend geschrieben

„Suchet und ihr werdet finden!"

Das finde ich klasse, ist genau der Punkt. Die meisten bleiben lieber, jammern und klagen, das funktioniert aber nicht.

Die teilweise uralten Glaubenssätze

Sie sind tief in unserem Unterbewusstsein verankert und richten von dort aus ihren Schaden an oder auch nicht, wenn sie denn positiv sind. Wir schauen uns die Situation genauer an, denn davon hängt letztlich alles ab. Wir müssen noch ein wenig tiefer einsteigen und überprüfen, wer uns alles infiltriert hat.

Wer war alles am Aufbau unserer Glaubenssätze beteiligt

Du wirst überrascht sein, wie viele Menschen sich daran beteiligt haben und es teilweise noch tun. Schauen wir den berühmten Tatsachen klar, konkret, messbar und unmissverständlich ins Auge. Ich denke, es wird für dich ein lustiges Erlebnis werden. Also legen wir jetzt der Reihe nach los.

- Eltern
- Geschwister
- Großeltern
- Tanten und Onkels
- Nachbarn
- Freunde
- Kindergarten
- Schule
- Partnerschaft
- Lehre/Studium
- Kollegen
- Kunden

Eltern

Sie waren unsere ersten Begleiter auf Erden. Wessen Geisteskind sind oder waren sie? Ich schreibe jetzt bewusst in der Form, wie wenn sie noch leben würden. Ansonsten ändere das Wort durch waren. Wir starten unverzüglich mit den Fragen, die du bitte sofort ausfüllst. Das hilft dir, es wäre natürlich für uns beide bequemer, ich schreibe drauf los und lasse es buchstäblich laufen.

Das heißt, es gibt keinen Unterbruch durch die Linien und du könntest gemütlich lesen. Aber derart soll es ja nicht sein. Das Ziel ist klar, mit diesem Buch Großes zu bewegen. Folglich starten wir mit den Fragen.

Sind deine Eltern eher positiv oder negativ? ____________________

Sind deine Eltern Geschäftsleute o. Angestellte? ________________

Welche Hobbys übt der Vater aus? ____________________________

Welche Hobbys übt die Mutter aus? ___________________________

Wohnen sie in einem Haus oder Wohnung? ____________________

Wie groß sind die Räumlichkeiten? ____________________________

Fahren deine Eltern ein großes oder kleines Auto? _______________

Bilden sich deine Eltern regelmäßig weiter? ____________________

Schimpfen die Eltern öfters? _________________________________

Streiten die Eltern ab und zu? ________________________________

Reden die Eltern regelmäßig miteinander? ______________________

Fahren die Eltern mehrmals im Jahr in Urlaub? __________________

Sind deine Eltern reich oder arm? _____________________________

Haben deine Eltern große Ziele vor Augen? _____________________

Mir geht es darum, dass du deine Eltern wesentlich besser einschätzen kannst, und das geht am besten über die Schriftlichkeit. Was wir aufschreiben, können wir jederzeit nachlesen und intensivst daran arbeiten.

„Was du schwarz auf weiß hast, bleibt!"

Ich finde diese Aussage klasse und sie hilft im Leben. Dadurch kannst du jederzeit nachlesen und sehen, wie und wo du dich damals bewegt hast. Es ist spannend, die eigene Entwicklung zu sehen. Ob positiv, keine Entwicklung oder schlimmstenfalls sogar rückwärts.

Unterschätze niemals den Einfluss der Eltern, denn sie sind die, welche uns während der berühmten ersten drei Prägejahre begleiten. Danach geht es bis hin ins jugendliche Alter weiter. Oft sogar das gesamte Leben lang versuchen es die Eltern. Meine Mutter hat es bei mir fast 50 Jahre lang versucht, Einfluss zu nehmen. Ich habe ihr dann immer höflich geantwortet „Liebe Mama, die Erziehung ist seit meinem 18. Lebensjahr abgeschlossen. Also vergiss es!" Jetzt muss ich sagen, ist es in Ordnung, es wird immer besser und das tut unendlich gut.

Du bist ein Teil deiner Eltern, ob du es wahrhaben willst oder nicht. Die Frage daraus entsteht nun, ob du eher eine positive oder negative Prägung erhalten hast. 97% der Menschen haben eine negative Prägung erhalten und dies wirkt sich entsprechend fatal auf das eigene Leben aus. Es ist wie ein Kompass, der uns permanent denselben Weg zeigt. In diesem Buch geht es klar, um die Tatsache, dass wir unsere eigene und positive Richtung brauchen. Das schafft für uns eine neue und gigantischere Dimension.

Was waren die Hauptleitsätze deiner Eltern, was haben diese permanent zu dir gesagt? Man nennt diese Leitsätze, auch die sogenannten Kernsätze.

Der Hauptleitsatz meines Vaters damals.

„Wer hoch hinaus will, der fällt tief ....!"

Und noch einige mehr, davon hat er etliche gehabt. Nun bist du an der Reihe, auch hier bitte offen und ehrlich aufschreiben.

Was ist der Hauptleitsatz deines Vaters?

____

Der Hauptleitsatz meiner Mutter damals.

„Das tut man nicht, was könnten die anderen denken.........!"

Was ist der Hauptleitsatz deiner Mutter?

____

Als ich dies das erste Mal gemacht habe, wurde mir schlagartig einiges klar. Ich habe angefangen, die Systematik zu verstehen und welchen immensen Einfluss, das auf mich genommen hatte. Es kam für mich der Punkt, wo ich genau das nicht mehr akzeptieren wollte und konnte. Es war der erste und ganz große Schritt, in eine gigantische Veränderung.

Manches hat mich bei den Erkenntnissen traurig gemacht. Ich habe in St. Moritz eine total andere Welt gesehen. Wieso waren meine Eltern nicht in dieser Welt? Wieso, wieso war das Thema. Nach meinen Aufgaben wusste ich es, es war und ist ihre Einstellung und die daraus resultierende Lebensart.

Geschwister
Sie gehören zur Familie und da gilt es zu prüfen, wie diese unter-

wegs sind. Ob jünger oder älter, spielt ab einem gewissen Alter keine Rolle mehr. Vor allem dann, wenn man unter demselben Dach wohnt. Auch hier wieder einige Fragen. Ich setze es voraus, dass deine Geschwister bereits erwachsen sind. Ebenso gehe ich von der Mehrzahl aus, wenn es nur eines war oder gar keines, lasse diese Fragen aus.

Wurdest du und deine Geschwister gleich behandelt? ___________

Hat jemand studiert und wieso der andere nicht? _______________

Wer ist der Liebling vom Vater? _______________________________

Wer ist der Liebling der Mutter? ______________________________

Sind deine Geschwister glücklich? _____________________________

Sind deine Geschwister verheiratet? ___________________________

Haben deine Geschwister viel oder wenig Geld? _______________

Sind deine Geschwister Gewinner oder Verlierer? ______________

Bilden sich deine Geschwister weiter? _________________________

Was hast du für ein Gefühl ihnen gegenüber? __________________

Wie geht es dir nun? ____

Was ist dir bei deinen Geschwistern klar geworden? ____________

Mit der Familie verbringt man in der Regel einige Zeit zusammen. Wie ist diese gestaltet, herrscht da ein positiver und aufbauender Geist oder ein negativer? Nochmals, der Erfolg richtet sich nach den positiven Gedanken und den daraus resultierenden Taten. Mit welchen Hauptleitsätzen sind deine Geschwister unterwegs? Dies zeichnet sie klar aus und danach richtet sich ihr gesamtes Leben, das Beeinflussungspotenzial dir gegenüber. Denke stets daran und es geht dir besser damit, weil du es verstehst.

Was ist der Hauptleitsatz deines Bruders?

___

Hier der Hauptleitsatz von meiner Schwester damals

„Du glaubst wohl etwas Besseres zu sein…………………....!"
„Du kommst auch noch auf die Welt ………………………!"

Und noch einiges mehr, nun bist du wieder an der Reihe, offen und ehrlich alles aufzuschreiben.

Was ist der Hauptleitsatz deiner Schwester?

___

Auch hier sind mir die Augen aufgegangen. Es hat mich traurig gestimmt, denn mir wurde bewusst, dass sich das Leben meiner Schwester nie verändern wird, außer sie verändert ihre Glaubens- und Leitsätze. Da diese aber seit bald 50 Jahren vorhanden sind, wird sich wohl kaum etwas tun. Es ist ihr Leben und sie darf es so leben, wie sie es möchte und dies mit allen Facetten. Aber sie ist permanent am Jammern und Klagen, wie schlecht alles ist.

Großeltern
Da gilt das Gleiche, wobei die Großeltern nicht so einen Einfluss auf uns haben. Außer wir wohnten in der Nähe, oder sind bei ihnen aufgewachsen. Ich bin gerne zu ihnen gegangen, sie waren

gütig und haben mich total verwöhnt. Für mich in manchen Sachen wundervolle Vorbilder. Es hat mir Freude bereitet, bei ihnen zu sein. Dort fühlte ich mich hundertprozentig angenommen.

Tanten und Onkels

Besteht ein enger Kontakt? Wie intensiv sind sie in dein Leben involviert? In meiner Kindheit waren sie es stark, heute nicht mehr. Da ich zu keinem einzigen Kontakt habe und es mir auch nicht wünsche. Damals waren sie teilweise für mich, aus meiner kleinen Welt kommend, Vorbilder. Heute hat sich das relativiert und die, welche ich mochte, sind leider verstorben. Hier einige der Beispiele, mein Patenonkel als Bankdirektor, ein anderer Onkel Juwelier, mit zwei Geschäften. Der Nächste hatte ein Hotel, ein anderer ein Sportgeschäft, um nur einige zu nennen. Das war für mich faszinierend und inspirierend. Wie ist es dir ergangen oder ergeht es dir?

____

____

____

____

____

____

____

Was ist oder war der Hauptleitsatz deines Onkels?

____

Was ist oder war der Hauptleitsatz deiner Tante?

____

Nachbarn

Auch die guten Nachbarn tragen einiges dazu bei. Das hängt natürlich davon ab, wo du aufgewachsen bist. Denn jeder Ort, jede Stadt, hat ihre besonderen Zonen und Wohngegenden, das gilt es zu beachten.

____

____

____

Nun die große Frage, wo wohnst du im Moment und wo möchtest du letztlich wohnen? Bist du glücklich, da wo du wohnst? Was ist dein großer Herzenswunsch? Mache dir bitte darüber ein paar Gedanken.

Hier einige Hauptleitsätze von meinen Nachbarn damals.

„Dieser blöde Nachbar XY......................................!"
„Wir müssen uns wehren......................................!"
„Das lassen wir uns nicht bieten..........................!"

Und noch einige mehr, nun bist du wieder an der Reihe, alles festzuhalten.

Was ist der Hauptleitsatz deiner Nachbarn?

____

Freunde

Da geht es in der Regel richtig zur Sache, spannend von der ersten bis zur letzten Minute. Freunde haben einen gewaltigen Einfluss auf uns. Das darf niemals unterschätzt werden. Hier gibt es die super Aussage, darin liegt unendlich viel Wahrheit.

„Zeige mir deine Freunde und ich sage dir, wer du bist!"

Ist das nicht klasse und es geht sogar noch viel viel besser, wenn man bereit ist, sich darauf einzulassen. Oft erschreckend, was da zutage gefördert wird.

„Du bist der Durchschnitt deiner fünf besten Freunde!"

Wenn man sich das auf der Zunge zergehen lässt, ist es gigantisch, was sich hier auftut und einiges wird einem auch klar. Die Freunde schauen wir uns sofort näher an. Wir gehen dabei von deinen fünf besten Freunden aus. Schreibe vorne immer den Namen deines Freundes hin und dann die Antwort.

Was arbeiten deine Freunde?

____________ ________________________

____________ ________________________

____________ ________________________

____________ ________________________

____________ ________________________

Sind deine Freunde eher positiv oder negativ eingestellt?

____________ ________________________

____________ ________________________

____________ ________________________

Welche Hobbys üben deine Freunde aus?

Wohnen deine Freunde in einer Wohnung oder in einem Haus?

Fahren deine Freunde kleine oder große Autos?

Bilden sich deine Freunde regelmäßig weiter?

Schimpfen und fluchen deine Freunde?

Sind deine Freunde arm oder reich?

Welche Freunde haben deine Freunde?

________________ ________________________________

________________ ________________________________

________________ ________________________________

________________ ________________________________

________________ ________________________________

Hier einige Hauptleitsätze meiner Freunde von damals.

„Die können mich mal………………..........!"
„Diese blöden Bonzen………………………!"

Nun bist du an der Reihe, und wie immer ganz ehrlich und offen sein. Spontan und schnell alles notieren.

Wie lauten die Hauptleitsätze deiner Freunde?

________________ ________________________________

________________ ________________________________

________________ ________________________________

________________ ________________________________

________________ ________________________________

Nach der Aufgabe verstand ich plötzlich die Mechanismen und habe mich von den meisten distanziert. Teilweise war es etwas schmerzhaft, vor allem bei einem meiner Schulfreunde, der mich über Jahrzehnte begleitet hat. Ich habe bemerkt, dass zwischen uns Welten liegen, das war die einzig richtige Entscheidung.

Kindergarten
Da fassen wir uns kürzer, denn es liegt schon eine Weile zurück. Ich kann mich an folgende Begebenheit erinnern, da war eine ältere Kindergärtnerin, die war sehr menschlich und zwei junge Mädels, die hatten es leider nicht im Griff, mit solch einem Rabauken wie mir. Anstatt mit Güte, wurde mit Strenge versucht Ordnung zu schaffen, was genau das Gegenteil bewirkt hat, zur Verzweiflung meiner Mutter, die mit mir Probleme hatte. Auch die Zeit hat mich geprägt.

Hier einige Hauptleitsätze von ihr.

„Du bist noch viel zu klein………………..!“
„Das tut man nicht………………………..!“

Jetzt bist du wiederum an der Reihe, nicht lange überlegen, sondern zügig schreiben.

Was waren die Hauptleitsätze deiner Kindergärtnerinnen?

____

____

____

Schule
Da wird es in der Regel ein wenig wilder, hat man doch im Laufe seiner Schulzeit so manchen Zeitgenossen als Lehrer. An einen erinnere ich mich gerne und dem habe ich letztlich das Schreiben zu verdanken. Dem lieben Lehrer Denoth, auf diesem Wege herzlichen Dank für seine Inspiration. Hier kurz zur Geschichte, wir mussten damals, ich glaube es war in der dritten Klasse etliche Aufsätze schreiben. Die Vorgabe war in der Regel immer 3 Seiten,

ich schrieb jedoch stets über 30 Seiten. Der gute Lehrer war von mir total begeistert, hat meine Aufsätze immer vorgelesen und sie wurden prämiert. Das hat mir unendlich geholfen und mich stark motiviert. Dann gab es natürlich andere Lehrer, die waren nur demotivierend.

Ich durfte meist nach vorne an die Tafel marschieren und dies jedes Mal, wenn ich nichts wusste. Das sorgte bei allen Klassenkameraden stets für Erheiterung. Sicherlich kennst du auch einige Geschichten aus deiner Schulzeit von Inspiration, Motivation und selbstverständlich Demotivation. Das Spiel ist meist das gleiche, es wiederholt sich permanent, ohne dass jemals ein Ende in Sicht ist. Halte in wenigen Sätzen fest, wie es dir dabei ergangen ist.

___

___

___

___

___

___

___

Wie ist dein Empfinden? Ist dir bei der Analyse manches klar geworden? Ich glaube schon und deswegen verstehst du nun auch deine Denk- und Handlungsweise besser. Diese basiert vollends aus der Vergangenheit und wir sind ein Teil davon. Jetzt, wo wir sie erkennen, haben wir die großartige Chance, endlich in die Veränderung zu gehen und für uns das Positive herauszuholen.

Hier einige Hauptleitsätze meiner Lehrer.

„Crameri, du schaffst das sowieso nie..................!"
„Du musst noch viel lernen..............................!"
„Wenn du so weiter machst.......................................!"
„Aus dir wird nie etwas...!"

Das waren nur einige Sprüche, die ich permanent zu hören bekommen habe. Es hat mir nicht geschadet, ganz im Gegenteil.

Was waren die Hauptleitsätze deiner Lehrer?

____

____

____

Partnerschaft

Das wird wieder eine längere Geschichte, oh je, oh je, was da alles abgeht, es ist manchmal unglaublich. Ich spreche da aus eigener Erfahrung und aus unzähligen Partnerschaftscoachings. Es ist erschreckend, einer der größten Machenschaften in einer Partnerschaft ist klar die Manipulation und das Verbiegen wollen des anderen. Nach dem Prinzip „Das bekommen wir schon hin!" Aus meiner Sicht das Letzte, was da manche machen. Es handelt sich doch um einen eigenständigen Menschen. Wieso muss man diesen umformen wollen? Klar, die Macht der Gewohnheit.

Die Mutter hat zu Hause schon das Regiment geführt und die arme Tochter merkt gar nicht, dass sie in riesen Schritten genau in die gleichen Fußstapfen tritt und ihrerseits mit dem üblen Spiel anfängt. Liebe heißt, den anderen Menschen zu lassen, wie er ist und nicht umformen zu wollen. Das hat nichts mit Liebe zu tun, sondern mit Machtausübung. Wenn dann noch die sogenannten emanzipierten Ladys dazu kommen, läuft es rund. Man soll sich ja weniger als nichts bieten lassen. Also heißt es mit allen Mitteln, das eigene Machtgefüge durchzudrücken. Wenn ich die Leute darauf anspreche, wird es weit weggeschoben, wer gibt es schon gerne zu. Natürlich können auch die Männer ihre Sache, ich denke beide geben sich da nichts. Das ist auch egal, es ist nur von übel und gehört auf alle Fälle abgestellt. Also steigen wir gleich in die Fragekette ein. Bitte die Fragen offen und ehrlich beantworten.

Liebst du deinen Partner? ______________________________

Geht dein Partner auf dich ein? __________________________

Unterstützt dich dein Partner? ___________________________

Bildet sich dein Partner weiter? __________________________

Spricht er mit dir? ___________________________________

Habt ihr gemeinsame Hobbys? ___________________________

Versteht ihr euch im Bett? ______________________________

Ist dein Partner reich? _________________________________

Ist dein Partner selbstständig oder angestellt? _______________

Ist dein Partner lieb und zuvorkommend? __________________

Hat dein Partner Humor? _______________________________

Ich denke du spürst, um was es letztlich geht. Es geht um den berühmten Gleichklang, und um das gegenseitige aufbauen. Leider sieht es in den meisten Partnerschaften umgekehrt aus und das ist fatal, so sollte es bitte nicht sein. Dein Partner färbt ab, ob du das willst oder nicht.

Die Hauptleitsätze meiner Partnerinnen.

„Wenn du so weiter machst, verlasse ich dich.........!"
„Es geht immer nur nach dir.................................!"

Ich könnte noch eine Menge festhalten, aber belassen wir es dabei.

Was war/ist der Hauptleitsatz deines Partners?

___

Lehre/Studium
Hier fassen wir uns ziemlich kurz, denn du kennst ja selbst am besten die Aussagen und wie man miteinander umgegangen ist. Ob es besonders lustig und aufbauend war oder eher das Gegenteil davon.

Was war der Hauptleitsatz in deiner Lehre/Studium?

___

Kollegen
Du kannst zu den Fragen der Freunde gehen. Ich bin froh, dass ich mich schnell davon entfernt habe und gleich in die Selbstständigkeit gegangen bin. Das war für mich wichtig und entscheidend, denn ich wollte keine Kollegen mehr haben. Permanent dieses Gejammere, wie schlecht doch die Wirtschaftslage ist, wann endlich der Feierabend oder wieder das Wochenende kommt. Wenn ich aber in manche Firmen als Berater reinschaue, oh je, oh je, was da häufig abgeht. Das ist gar nicht lustig und erbauend.

Was ist der Hauptleitsatz deiner Kollegen?

____

Kunden
Was für Kunden verkehren bei dir, wie denken diese, wie ist ihre Umgangssprache, welche Umgangsformen haben sie? Sind diese auf der positiven oder negativen Schiene? Ich bin für meinen Teil unendlich froh, dass ich ausschließlich großartige Kunden habe. Völlig integre Menschen, mit einem sehr schönen, edlen Umgang. Das ist für mich wichtig, damit ich mich wohlfühlen kann.

Was sind die Hauptleitsätze deiner Kunden?

____

____

____

____

Dieses Kapitel ist viel größer geworden, als geplant

Tja, so kann es manchmal im Leben gehen, da hast du etwas geplant und durch das Machen und Tun kommt eine völlig andere Dynamik auf. Das ist aber nicht tragisch, sondern gut. Es zeigt wundervoll auf, dass wir uns in einem super Prozeß des Lebens befinden und diesen annehmen sollten, um mit uns selbst total im Lot zu sein. Weit weg von den üblen Konventionen von wegen

„Das tut man nicht – das macht man nicht!"

Was man tut und was nicht, entscheidest immer noch du. Außer natürlich, wenn du gegen geltendes Gesetz verstoßen würdest. Dazwischen gibt es Spielraum und unzählige Möglichkeiten. Der

Mensch bewegt sich aber lieber auf kleinstem Raum, in seiner geliebten Komfortzone und beschwert sich oft recht bitterlich, dass die eigene Welt dermaßen klein ist.

Was hast du bei der Auflistung für dich erkannt

Du warst jetzt ja richtig fleißig, was hast du dabei erkannt? Welche Lichter sind dir buchstäblich aufgegangen und haben dir eine neue, andere Dimension aufgezeigt? Ich war erschrocken und merkte, dass ich in der Tat ein reines Produkt meiner gesamten Umwelt war. Ich habe mich in meinem Denken und Handeln gefunden. Als ich es dann verfeinerte, konnte ich explizit sagen, wer wieder im Spiel war. Das ist eine Hammergeschichte, wenn man das für sich feststellt. Ein sehr komisches, banges Gefühl und nicht immer lustig. Daraus wächst aber die tolle Chance, in die Veränderung gehen zu können. In ein wirklich glückliches, erfüllendes Leben, das mit einer großen Dankbarkeit einhergeht. Halte alles fest, was dir aufgefallen ist und viel Spaß damit.

____

____

____

____

____

____

____

____

Dein Fazit: ____

Die Geschichte vom Ofen, der nicht warm geben wollte

Passend dazu, die Geschichte von dem einsamen Ofen in einer Berghütte. Da kommen eines Tages Wanderer durch den tief verschneiten Wald angestapft und freuen sich auf die warme Hütte. Aber diese ist eiskalt, weil seit einigen Wochen kein Mensch mehr dort war. Die Ersten fangen an zu schimpfen, was das für eine doofe Hütte wäre. Zwei stellen sich vor den Ofen und beschimpfen diesen „Jetzt mach endlich warm, das ist doch deine Aufgabe. Du hast ja nur das zu tun, uns warm zu geben!“ Es tut sich aber nichts, die Wut steigert sich und einer der jungen Männer tritt den Ofen. Worauf hin dieser sagt

„Junger Mann, du kannst so lange schimpfen machen und tun, es wird sich nichts ändern, du musst es schon selbst in die Hand nehmen!“

Der junge Mann stutzte und erst dann verstand er, was der Ofen meinte. Klar, wie soll der Ofen warm geben, wenn er nicht mit Holz bestückt und angezündet wird.

Kommt dir die Geschichte bekannt vor

Mir schon und es ist tatsächlich bescheuert, wenn man derart durchs Leben stapft. Das gibt überhaupt keinen Sinn, permanent zu lamentieren. Wenn ich da die meisten Menschen anschaue, die haben sich daraus einen Sport gemacht. Wenn sie den Mund aufmachen, kommt nur negativer Müll raus. Das kann ich leider nicht nachvollziehen.

Schütze dich unbedingt

Es ist vergleichbar, mit einem Glas absolut klarem Quellwasser, es kommt ein Tropfen Tinte dazu, wie wird das Wasser? Trübe und du kannst es nicht verhindern. Dessen sollte man sich bewusst sein, denn dann würde man wirklich anders mit den Dingen umgehen. Also passe daher gut auf dich auf, denn es ist dein kostbares Leben. Genauso wie der Spruch, es geht mir zum einen Ohr rein und zum anderen raus. Ja und was ist bitteschön dazwischen? Natürlich das Hirn, jetzt könnte ich gehässig sein und sagen, falls vorhanden.

Vom Lamentieren her tut sich nichts

Du musst etwas dafür tun und dies permanent. Nur dadurch erschaffst du dir neue und grandiose Wirklichkeiten, die ihresgleichen suchen. Ich denke, das hast du dir redlich verdient. Meinst du nicht auch? Selbstverständlich und darum lege sofort los und warte keine einzige Sekunde länger auf irgendein Wunder. Du musst selbst anpacken, das Ammenmärchen von der Glücksfee, die alles verzaubert und Wünsche wahr werden lässt, ist längstens ausgeträumt und gehört ins Reich der Märchen. Du solltest auf alle Fälle im „Hier und Jetzt“ leben.

Du bist viel mächtiger, als du glaubst

Ist das nicht traumhaft, es hier erfahren zu dürfen. Ich finde es super und darum solltest du dich nie wieder in der sogenannten Opferrolle sonnen, mit jeder Menge Alibigeschichten aufwarten. Das zerstört deinen Nimbus und macht dich vor dir selbst unglaubwürdig. Stelle dir vor, dein eigenes Sein entlarvt deine komischen Nummern, du verlierst sofort deine Glaubwürdigkeit. Das ist fatal, darum bleibe integer und sei dir deiner Kräfte hundertprozentig bewusst.

Du bist genial

Lese es bitte nochmals laut in der Ich-Form vor „Ich bin so genial!" Kannst du spüren, wie viel Kraft darin enthalten ist? Ich finde es großartig, dass ich so genial sein darf. Kräfte in mir habe und damit ein unerschöpfliches Potenzial, welches ich leben kann, darf und muss. Zum Wohle aller Menschen, dafür ist mein Dasein gegeben. Verstehst du das, nicht nur um zu leben, sondern zum Wohle der Gemeinschaft. Wer das für sich verstanden hat, ist Outsite der Normalität und das ist von Nöten.

Lebe deine Genialität

Darum bitte ich dich, dass du anfängst, das Negative komplett aus deinem Leben zu streichen. Das hat da nichts mehr zu suchen. Du bewegst dich bitte in anderen Dimensionen und Sphären, verlasse endgültig den Ort von Neid, Missgunst und Hass. Das hat ab sofort nichts mehr mit dir zu tun. Wie sagte vor geraumer Zeit jemand zu mir „Du glaubst wohl, zu Höherem geboren zu sein?" Oh ja, genau das ist der Punkt, ich bin in der Tat zu Höherem geboren und dafür bin ich dankbar.

Auch du bist zu Höherem geboren

Werde dir dessen bewusst. Du brauchst auch keine Angst zu haben, dass du die angestammten Leute verlierst. Dafür kommen Neue zu dir, die dich wesentlich mehr bereichern, beseelen und glücklich machen. Ich kenne das von mir selbst, vor lauter Angst eine Menschengruppe, zu der man sich irgendwo zugehörig fühlte, plötzlich nicht mehr zu haben. Das macht am Anfang ein wenig Angst und Bange. Wenn du dich damit aber befasst, tiefer einsteigst, wirst du schnell spüren, dass es sogar besser ist, in eine andere Welt zu gehen. Denn dort gibt es auch wundervolle Menschen, die auf dich warten und mit denen du genauso viel Spaß haben wirst oder sogar noch mehr.

Mächtiger in der positiven Form

Das ist der Unterschied, nicht mächtiger, um Macht auszuüben, sondern um andere Menschen in deinen Bann zu ziehen. Zu begeistern, dass sie dir folgen, den Weg des Positiven zu beschreiten. Denn wir Menschen haben jeden Tag die neue Chance uns zu entscheiden, in welche Richtung es gehen soll. Ich kann dir eines sagen, die Richtung des Positiven führt dich wesentlich weiter und ist auch für sie, deine Mitmenschen, ein wundervolles Geschenk. Darum entscheide dich für das Wundervolle, damit es in deinem Alltag Platz finden kann.

Bist du positiv oder negativ

Diese Frage musst du dir jetzt stellen. Entscheide dich für eine Richtung, die dir am besten gefällt. Denn beides geht nicht und würde dich nur unnötig schwächen. Du bist das eine oder das andere, beides ist völlig in Ordnung, wenn es für dich passt. Das ist nämlich genau der springende Punkt, es muss für dich passen. Du bist immer noch und bleibst auch das Maß der Dinge.

Was bist du

Wenn ich das die Menschen auf meinen Coachings und bei den Seminaren frage, kommt meist die Antwort „Kommt darauf an!" Das finde ich witzig, natürlich kommt es bei den meisten Menschen darauf an. Bin ich gut drauf und kommt mir einer entgegen der schlecht drauf ist, bin ich auch schlecht drauf. So einfach machen es sich viele Menschen. Das ist verrückt, mir ist es egal, wie die anderen auf mich zu kommen. Es ist doch wichtiger, wie ich drauf bin und drauf bleibe. Verstehst du das? Ich mache mich nie mehr von der Laune und den Meinungen anderer abhängig.

Ich bin unabhängig von den Strömungen der anderen

Verstehe diesen feinen Unterschied, denn wenn ich abhängig bin, mache ich mich zum Spielball anderer Menschen und Mächte. Weißt du überhaupt, welche Energie das kostet? Das will und kann ich mir nicht leisten. Also lebe ich völlig autonom in meiner positiven Welt, und wenn alle um mich herum am Rumirren sind, ist das nicht mein Problem. Ich lebe in der positiven und aufbauenden Welt.

Ich blicke auf ein positives Leben zurück

Ich blicke bis jetzt auf ein positives Leben zurück und werde dies auch in Zukunft tun. Ich wäre doch ein vollendeter Narr, wenn ich anders leben würde. Mein Gott, mein Leben ist leider nicht unendlich, das heißt, wenn der Sensenmann mich holt. Soll ich den Weg bis dorthin schlecht verbringen, nur weil ich eine bescheuerte Einstellung habe? Nein danke, das brauche ich nicht und du solltest es dir auch gut überlegen, ob du das willst.

Übers Positive gewinnst du mehr Kraft

Ist das nicht herrlich, ich bin begeistert darüber, dass mein positives Denken und Leben zu weitaus mehr Energie führt. Dadurch bin ich mein eigener Generator und Dynamo, der mich immer und immer wieder auflädt. Das macht mich unabhängig und ich wünsche mir sehr, dass du dies auch in deinem Leben implementierst.

Verlasse die Schwere des Seins

Du bist nicht dazu verpflichtet und bekommst auch keine Ehrenmedaille. Wie sagte mir jüngst jemand „Man kann doch nicht immer so gut drauf sein wie du, das ist auf Dauer ungesund!" Oh, welch eine Aussage, also bin ich lieber schlecht drauf und missmutig, das ist wohl besser für mich, auch für mein Umfeld. Nein danke, kann ich dazu nur sagen, ich bestimmt nicht.

Es gibt nur noch eines, entweder supergut drauf oder schlecht

Das Halbschwanger sein, muss jetzt endgültig aufhören. Denn das ist definitiv von übel und hindert dich am Vorankommen. Kannst du dir das leisten? Das frage ich immer auf meinen Coachings und in der Regel müssen wir feststellen, dass man es sich nicht leisten kann. Sonst landet man über kurz oder lang im Chaos.

Ich war früher wechselhaft wie das Wetter

Ich war wechselhaft, das hat es nicht gerade leicht gemacht, der Umgang mit mir selbst und für meine Mitmenschen. Wie froh bin ich, dass ich dieses Theater abgelegt habe. Denn es war ein großes Theater und ein sich Ausleben auf Kosten von anderen Menschen. Ich bin dankbar, dass das Ganze schon lange vorbei ist.

Ich bin heute nicht gut drauf

Kennst du diesen dummen Spruch? Ja natürlich, was denn sonst, er begleitet uns seit Jahren. Wie oft fragt man einen anderen „Bist du nicht gut drauf?“ Tja, auf diese doofe Frage, gibt es nur eine noch doofere Antwort. Darum hüte dich bitte ab sofort, jemals diese Frage zu stellen. Das geht dich wahrlich nichts an, ob der andere gut drauf ist oder nicht. Achte lieber auf dich selbst, ob du gut drauf bist. Da hast du genug zu tun, meinst du nicht auch?

Halte dagegen

In dem Moment, wo du spürst, dass du am Abdriften bist, halte sofort dagegen. Lasse es niemals zu, denn sonst nimmt es überhand. Sage dir in dem Moment

„Ich behalte stets die Oberhand!“

Das ist elementar und entscheidend, dass du dich nie gehen lässt. Wenn das passiert, bist du nicht mehr der Herr im Hause und fremde Mächte im Heim zu haben, kann nicht gut gehen.

Hier zwei Beispiele aus meinem Leben, was sich abgespielt hat. Ich wache auf und fühle mich müde, spüre in mir ein Gefühl von „Heute habe ich irgendwie keine Lust!“ Dann stehe ich auf, weil die Blase drückt, also heißt es zwangsläufig raus aus den Federn. Ich blicke aus dem Fenster und finde mich wieder. Das Wetter ist trübe, grau in grau, trotz Schnee. Eigentlich bin ich bereits bedient, früher hätte ich dem sofort nachgegeben.

Wie wäre dann mein Tag gewesen? Logisch, schlecht und mies, das will und dulde ich nicht mehr. Ich bin mir sicher, du kennst solche Tage auch zur Genüge. Mir kamen noch all meine Aufgaben in den Sinn, die ich zu erledigen habe. Also eine weitere Belastung, ein Grund am besten sofort wieder ins Bett zu gehen und die Bettdecke über den Kopf zu ziehen. Zu warten, dass es irgendwann besser wird.

Nein und nochmals nein, also was tat ich? Ich begann mit lauten Worten zu mir zu sprechen:

- Mir geht es sehr gut
- Ich bin unendlich dankbar und glücklich
- Ich durfte heute wieder aufwachen und aufstehen
- Ich darf heute wieder den Menschen Gutes tun
- Die berühmten 3 G's, darüber im nächsten Kapitel näheres

Was ist passiert? Ich habe mich in ein anderes Schwingungsfeld geholt. Weg von den negativen Gedanken, rein in die positiven. Das war ein klarer Befehl meines Geistes und die Konsequenz daraus, dass das Unterbewusstsein sofort mit der Arbeit begann, somit ging der Befehl an alle Zellen raus

„Hallo, der Chef ist gut drauf, heute gibt es einiges zu tun, folglich freuen wir uns darauf und machen uns an die Arbeit!"

So schnell kann es sich ändern, innerhalb von wenigen Sekunden herrschte eine neue, super Stimmung. Die Power und der Drive kamen zurück. Danach habe ich als Erstes meine Mails beantwortet und bin jetzt am Buch schreiben. Hätte ich dem Ganzen nachgegeben, wäre ich nicht am Schreiben, hätte den Tag verplempert.

Kannst du das nachvollziehen, ich hoffe und richte dich auch unbedingt danach. Lasse dich nie wieder gehen, denn das tut dir nicht gut. Es ist simpel, wenn man es weiß. Die Geschichte geht ja weiter, ich sehe meine Mutter und sie meinte „Ach, heute macht mir alles weh. Das Wetter schlägt auf mein Gemüt. Das wird kein guter Tag!" Jetzt hatte ich zwei Möglichkeiten, erstens sie zu bedauern und auf das Dilemma einzugehen. Ich habe jedoch zu ihr gesagt „Mensch Mama, du siehst heute richtig gut aus. Du hast bestimmt sehr gut geschlafen." „Nein gar nicht, ich fühle mich elend." „Das sieht man dir nicht an, schau mal in den Spiegel, du siehst super aus." Da merkte ich wie ein Strahlen über ihr Antlitz ging. Ich nahm sie in den Arm und sagte „Du bist eine tolle und großartige Frau!" Sie strahlte und ihre Augen glänzten sofort.

Was habe ich getan, ich habe einem Menschen geholfen, in ein anderes Schwingungsfeld zu gelangen. War es für mich aufwendig? Nein, im Gegenteil, es hat mich nur ein paar Worte gekostet, diese aber positiv. Spürst du den Unterschied, ich hätte genauso gut auf der negativen Schiene bleiben können. Denn als ich aufgestanden bin, fühlte ich mich ja ähnlich wie meine Mutter. Mit ihr zusammen, hätten wir eine Verdopplung unserer Gefühle gehabt.

Du hast es in deiner Hand

Ist das nicht wundervoll, ich liebe es. Seit ich das Geheimnis entdeckt habe, geht es mir besser und ich komme leichter durchs Leben. Mein Dasein hat dadurch eine hochstehende Qualität erhalten. Es hängt niemals von den Umständen ab, sondern nur von mir. Also mache ich Tag für Tag eine Meisterleistung daraus.

„Wenn nicht jetzt, wann dann?"

Das ist die berechtige Frage. Wieso ewig verschieben, von wegen „Das müsste ich tun, damit sollte ich mal anfangen. Vielleicht hilft es ja, ich könnte es probieren!" Das bringt dir doch nichts. Darum heißt es „Tun, Tun, Tun und nochmals Tun!"

Die Botschaft lautet „Ich bin heute supergut drauf"

Du erinnerst dich, wir sind mit dem üblen Gedanken gestartet, heute nicht gut drauf zu sein und wir ändern es unverzüglich. Lassen es nie wieder zu, dass wir in einem falschen und niedrigen Schwingungsfeld leben. Das tut uns nicht gut, dies können und dürfen wir uns niemals mehr in unserem Leben leisten. Programmiere dich deswegen mehrmals am Tag, das Positive zu sehen. Aber meist sehen wir nur das Negative und baden mit immensen Gefühlen darin.

**„Ich bin heute sehr sehr gut drauf,
heute ist der beste Tag meines Lebens!"**

Sage dir das permanent. So lange, bis es tief in deinem Unterbewusstsein verankert ist und zu einem festen Teil von dir wurde. In der ständigen Wiederholung liegt bekanntlich die Kraft. Daran solltest du immer denken. Wenn du dies nicht tust, bleibst du in deiner negativen Welt und da ist es nicht besonders schön?

Kommst du dir dabei etwas blöd vor

Das kann leicht passieren, aber das macht nichts. Die Aussage, welche mir dann oft zu Ohren kommt „Ach Herr Crameri, ich komme mir dabei blöd vor! Das ist doch lächerlich." Ich stelle sofort die Gegenfrage „Kommen sie sich nicht blöder vor, mit ihrem ewigen Gejammere, Geklage, wie schlecht alles ist?" Da grinsen die meisten und müssen es bejahen. Merkst du was, das ist noch viel bescheuerter, was da abgeht. Du kommst dir nicht blöd vor, es ist für dich nur ungewohnt. Denke daran, du kannst es ändern und aus deinem Leben eine gigantische Meisterleistung machen.

Trainiere Tag für Tag

Es ist wie mit allem im Leben, wenn man nicht Tag für Tag trainiert, sich positiv positioniert, fällt man aus dem System heraus. Das war es dann und dies ist eine richtig blöde Situation. In Anbetracht, dass wir über kein ewiges Leben verfügen, nicht wissen, wann unsere Sanduhr abgelaufen ist, ist es besser ab sofort eine Meisterleistung an den Tag zu legen. Dadurch sind wir glücklicher, und können voller Stolz über uns persönlich sagen

**„Oh ja, ich lebe mich hundertprozentig,
jetzt und zu jeder Zeit!"**

Wenn du das schaffst, gehörst du zu den berühmten Gewinnern und das entscheidest du ganz alleine. Denke daran, du entscheidest, ob du zu den Gewinnern oder Verlierern gehörst. Du hast es in deiner Hand, wo dein Lebensweg hingeht. Ab sofort bist du für dich selbst verantwortlich, niemand anderes. Du bist der Dirigent deines Lebens.

Ich bin krank

Kennst du diese Aussage, bestimmt. Da gibt es diesbezüglich die verschiedensten Facetten. Was passiert, wenn du solche Dinge wiederholst? Es manifestiert sich noch stärker, wird plötzlich zu einem Selbstläufer. Da heißt es unbedingt Einhalt zu gebieten, denn das ist nicht optimal. Hier musst du aufpassen und unbedingt sofort dagegen steuern. Mit aller Vehemenz, denn sonst manifestiert es sich.

Ich fühle mich nicht gut

Kennst du solche Momente, und was passiert dann? Es wird nur noch schlimmer und das Schlimmste, was du tun kannst, ist mit anderen Menschen darüber zu sprechen. Das ist völlig verrückt und abgefahren. Erzähle bitte keinem Menschen, dass es dir nicht gut geht. Nur wenn du dich wirklich sehr sehr elend fühlst, aber dann gehe am besten zum Arzt und hole dir kompetente Hilfe.

Auf die Frage wie geht es dir

Antworte stets mit einem Lächeln im Gesicht, mit den Worten „Sehr gut, herzlichen Dank der Nachfrage, sie schauen auch blendend aus!“ Damit hast du eine wunderbare Rückkoppelung, erstens bestärkst du deine eigene Situation und zweitens machst du dem anderen Menschen eine Freude. Schon ist es eine doppelte Freude und damit wesentlich haltbarer. Wie simpel ist diese kleine Übung. Simpler geht es schon fast nicht mehr. Dadurch nimmst du deinem Gegenüber den Wind aus den Segeln.

Auch wenn du dich nicht gut fühlst, halte dagegen

Es ist wichtig, denn sonst lässt du dem Gefühl freien Lauf, das geht oftmals innerhalb von wenigen Sekunden. Nachfolgend ein paar wunderbare Beispiele, die es unmissverständlich verdeutlichen, wenn man keinen Einhalt gebietet.

- Kreuzfahrt
- Niesattacke

Kreuzfahrt

Ich befinde mich auf einer meiner geliebten Kreuzfahrten. Alles wunderbar, einige der Mitreisenden sind voller Sorge und Angst, dass sie seekrank werden. Das ist natürlich ein wundervoller Befehl ans Unterbewusstsein. Jede einzelne Zelle ist darauf programmiert und wartet förmlich darauf seekrank zu werden. Das Schiff fängt zu schaukeln an, und genau diese Leute, die sich davor gefürchtet haben, werden blass und sagen „Ich glaube es geht los, ich muss erbrechen, fühle mich elend." Schwupps, kaum ausgesprochen kam schon die letzte Mahlzeit im hohen Bogen aus dem Mund geschossen.

Oh dachte ich mir, ich glaube ich muss auch k...........! Es war eine schnelle Entscheidung, soll ich mich anschließen oder halte ich dagegen? Natürlich halte ich dagegen, ich lasse es nicht zu. Niemals und sagte sofort „Mir geht es super. Ich fühle mich wohl!" Das wiederholte ich einige Male und entfernte mich von den anderen. Du kennst es sicherlich, die Massenhysterie, es ist wirklich spannend, der eine fängt an und die anderen schließen sich unverzüglich an.

Ich kenne auch das Gegenteil davon, ich habe am Anfang meiner Kreuzfahrtkarriere dem Gefühl nachgegeben und mich mit den Mitreisenden ausgetauscht, von wegen „Mir ist ja so schlecht" und es hat nicht lange gedauert, bis es bei mir rund ging. Weißt du, was das für ein ekliges Gefühl ist? Wie lange das anhält, bis du wieder festen Boden unter den Füßen hast? Nein danke, ich brauche dieses Feeling in meinem Leben nie wieder.

Niesattacke

Stell dir vor, du bist gerade in Gesellschaft, da niest einer wie wild in deiner Nähe. Was ist dein erster Gedanke? Hoffentlich stecke ich mich nicht an! Vielleicht tust du es ja noch lautstark kund. Was denkst du, passiert in dem Moment in deinem Inneren? Das ist ein klarer Befehl an dein Unterbewusstsein, welchen du gegeben hast. Hoffentlich stecke ich mich nicht an. Das Unterbewusstsein kennt das Wort „Nicht" nicht. Das heißt, es ist nicht existent. Wenn du es nicht glaubst, nachfolgend als Beweis ein Test.

„Denke, denke, denke ja nicht an den Eiffelturm!" Was siehst du vor deinem geistigen Auge? Ist doch logisch, du siehst den Eiffelturm und schon sitzt du in der Falle. Darum pass gut auf dich auf, was du denkst und sagst. Sonst hast du schnell die Wirklichkeit auf deiner Seite und die ist manchmal nicht lustig. Also der Befehl lautet eindeutig, krank zu werden und es wird nicht lange dauern, da fühlst du dich nicht wohl und es kann losgehen. Du fröstelst plötzlich und sagst dir „Oh, ich glaube, ich habe mich angesteckt!" Schon geht das Dilemma los, und wenn du es noch mit deinen Mitmenschen teilst, kommt die Botschaft rüber „Tja, das hat sich schnell, dass man sich eine Erkältung einfängt."

Dadurch ist das Schicksal klar, konkret, messbar und unmissverständlich besiegelt. So sitzt du in der selbst gebauten Falle. Obwohl du es sicherlich nicht wolltest. Dann folgt der nächste kluge Spruch. „Tja, eine Erkältung dauert gut drei Wochen. Eine Woche, bis sie da ist, eine Woche, wo sie da ist und eine Woche, bis sie auskuriert ist!" Folglich hast du die Kraft der selbst erfüllenden Prophezeiung.

Du hast zwei Möglichkeiten, du glaubst es oder nicht

Du kannst erneut wählen, sagen, dass was Ernst Crameri erzählt, ist Blödsinn. Dem kann ich nur beipflichten, du hast aus deiner Sicht recht. Du kannst aber auch einen anderen Weg gehen und mir zustimmen. Vielleicht ist das im Moment noch ein wenig zu viel für dich. Das kann sein und es ist nicht weiters tragisch. Denn auch ich zähle mich in etlichen Dingen zu dem sogenannten „Ungläubigen Thomas!“ Das heißt, ich glaube nicht alles, bin verhalten oder skeptisch.

Gib dir wenigstens die Chance

Bevor du es ablehnst, gib dir wenigstens die Chance. Das möchte ich dir ans Herz legen, denn dadurch verändert sich deine Welt und dies ist wichtig. Also, wenn mir etwas suspekt erscheint, passiert in der Regel Folgendes. Es wird sofort mit meiner Erfahrung verglichen, und wenn dort nichts vorhanden ist, geht es unverzüglich in die Rubrik Ablehnung. Mit solch einer Einstellung verpeile ich leider manche Chance und das ist schade.

Tu es

Gib dir die Chance, in dem du es tatsächlich zulässt. Also beim nächsten Mal, wenn jemand in deinem Umfeld niesen muss, ignoriere es. Sollte trotzdem die alte Assoziation von wegen „Hoffentlich stecke ich mich nicht an“ in dir hochkommen, halte mit folgendem Wortlaut dagegen

**„Ich bin absolut gesund, fühle mich
in meiner Haut wohl!“**

Dies ist eine positive und lebensbejahende Aussage, die du wiederholen solltest. Sie hilft und wenn das Negative hochkommen sollte, unverzüglich dagegenhalten. Dadurch funktioniert es auf wunderbare Art und Weise. Teste es und du wirst begeistert sein. Sollte es tatsächlich daneben gehen, sprich es permanent aus. Das hilft die gesamten Abwehrkräfte zu mobilisieren, und zu stärken.

Verbanne das Negative aus deinem Leben

Du musst es ernsthaft in die eigenen Hände nehmen und nicht nach dem Motto „Ja, ich probiere es!“ Das haut nicht hin, denn dann hast du sofort ein Problem am Hals. Also immer hundertprozentig positiv durchs Leben schreiten. Hilf dir Tag für Tag,

Stunde für Stunde, Minute für Minute in ein anderes Schwingungsfeld hinein zu gelangen. Es ist das Natürlichste, was man überhaupt machen kann. Deine Lebensqualität wird dadurch eine wesentlich bessere und das hast du dir doch verdient? Oder bist du da anderer Meinung, ich glaube nicht?

Die drei berühmten G's

Als ich das erste Mal von den drei G's gehört habe, habe ich den Kopf geschüttelt und dachte mir, was für ein Blödsinn. Da ich mir aber immer die Chance gebe, es über einen längeren Zeitraum zu testen, durfte ich feststellen, dass die drei G's Immenses bewirken. Ich war erstaunt und darum erwähne ich die drei G´s, damit du in den Genuss dieser simplen Metapher kommst.

In der Einfachheit liegt der Segen

Kennst du diese Aussage? Ich bin total begeistert, wie wundervoll das ist. Wir Menschen tendieren leider zum Komplizierten und sind maßlos enttäuscht, wenn es nicht funktioniert. Wenn wir uns im Kreise drehen und der Erfolg an uns vorbeizieht, wie eine Karawane. Das muss nicht sein, wenn wir wieder anfangen uns auf das Einfache zu besinnen und es leben.

Du hältst das Zepter in der Hand

Das ist ein wundervoller Traum. Es wäre fatal, wenn andere das Zepter für dich in der Hand hätten. Aber leider leben die meisten Menschen in dem Stil und sind erstaunt, wenn die Ergebnisse sich alles andere als zufriedenstellend ergeben. Du bist der Verursacher von allen Dingen, nach dem Gesetz der Resonanz schwingst du auf einer bestimmten Wellenlänge und alles schwingt mit. Da bevorzuge ich lieber die positive Wellenlänge. Das ist wesentlich schöner und großartiger. Weißt du, wenn man die Wahl hat, sollte man diese richtig nutzen.

Ich verwende die drei G's den ganzen Tag über

Ich wache morgens auf, und spreche laut und deutlich die drei G's. Dies wiederhole ich während des gesamten Tages und fühle mich dadurch leistungsfähiger und besser drauf, wie der Volksmund treffend sagt. Permanente Wiederholung schafft Wirklichkeit, darüber habe ich bereits geschrieben, es kann aber nicht oft genug wiederholt werden.

Die drei G's lauten

In der Kürze liegt ja bekanntlich die Würze und diese gilt es auszuschöpfen. Das Faszinierende ist, dass man sich die drei G's leicht merken kann. Nachfolgend die Bedeutung

- Glücklich
- Gesund
- Gelassen

Glücklich

Die Menschen träumen vom Glück und erreichen es in der Regel nie. Das hat etwas mit der inneren Einstellung zu tun. Denn das Glück findest du nur in dir selbst. Da gibt es die nette Geschichte der drei Götter, die sich getroffen und beraten haben, wo sie das Glück der Menschen verstecken, damit diese es nicht so schnell finden können.

Der erste Gott sagte „Ich bin der Meinung, wir sollten das Glück an der tiefsten Stelle des Ozeans verstecken. Da kommt so schnell keiner hin. Ich denke, das ist ein sehr guter Ort."

Der zweite Gott meinte „Ich finde es wesentlich besser, wenn wir das Glück auf dem höchsten Berg dieser Welt verstecken."

Gott Nummer drei schmunzelte und meinte „Ihr macht alles zu kompliziert, wir verstecken das Glück im Menschen selbst. Denn dort wird er es kaum vermuten und auch nicht so schnell finden."

Das haben die drei Götter beschlossen und seitdem schlummert das Glück in jedem Menschen. Weißt du, wie wenig Menschen es dort suchen und folglich auch nicht finden? Es wird überall danach gesucht, nach vielem gestrebt, nur die wenigsten erreichen es jemals, das eigene Glück zu finden.

Eigentlich ist das tragisch, wie viele unglückliche Menschen draußen rumlaufen und nie zur Ruhe kommen, vor lauter Jagd nach dem eigenen Glück. Ich finde es ist etwas vom Schlimmsten, wenn man einem sogenannten Phantom nachjagt und es nie erreicht. Damit du nicht auch zu diesen armen und verirrten Seelen zählst, sage so oft es geht zu dir, wie glücklich du bist.

Am Anfang mag dir das komisch oder sogar blöd vorkommen. Weißt du, ich habe mir auf die Fahnenstange geschrieben, dass ich mir gerne eine Zeit lang blöd vorkommen darf. Aber doch niemals ein Leben lang. Darum lebe fortan in deinem Glück und kommuniziere das auf jeden Fall. Jedes Mal, wenn ich das mache und ich tue es relativ oft, dies auch vor dem Spiegel, da muss ich lachen. Ja, ich lache mich an und sage mir „Du bist cool Ernst, ich bin stolz auf dich!" Abgefahren für dich, was? Ist nicht schlimm, ich liebe es und es hilft mir. Hand aufs Herz, wann hast du dich das letzte Mal angelacht? Das ist bestimmt ewig her. Wenn es nicht damals als kleines Kind war. Kinder lieben es über alles, sich im Spiegel zu entdecken.

Gesund

Ich bin gesund, sage dir dies permanent, dadurch kann sich jede einzelne Zelle deines Körpers darauf einstellen. Das ist wichtig, es gibt für den Körper eine völlig andere und ganzheitliche Energie. Ich habe das an mir selbst getestet und auch an anderen Menschen. Nochmals klar zur Betonung, das ersetzt nicht den Gang zum Arzt oder Heilpraktiker. Es geht letztlich darum, dass du dich selbst achtest und liebst. Weißt du die Metapher „Ich bin gesund" hört sich doch besser an als „Ich fühle mich nicht gut" oder „Ich bin krank!" Die Frage ist, worauf gibst du deine Energie? Auf das Positive, Lebensbejahende oder auf das Negative und Krankmachende. Ich bin der Meinung, wenn ich schon die Wahl habe, sollte ich für mich richtig wählen.

Ich wäre ja ein Narr, wenn ich mich unnötig zerstören würde. Aber wie bei allem hilft es nur, wenn du es wirklich regelmäßig machst. Nur ab und zu Mal nützt nichts. Da bleibt es bei einer reinen Farce und du kannst dann sagen „Es bringt doch nichts!"

Gehe den Königsweg, es ist der schönste und beste Weg, den du gehen kannst. Ich bin unendlich dankbar, dass ich dies für mich lernen durfte und stolz, dass ich es anwende. Dazu muss ich sagen, dass ich es jedes Mal merke, wenn ich es vernachlässige. Ich möchte dich hiermit herzlichst einladen, es auch zu tun und mir darüber zu berichten.

Es hilft aber nur in der Konsequenz. Dann geht es voran und du hast die wundervollen Ergebnisse, die dir sehr guttun und dich aufbauen. Ich freue mich, dass du dieses Buch gekauft hast, um ab sofort in der positiven Form mit dir zu leben.

Gelassen
Es geht nichts über eine große Portion Gelassenheit. Im Wort Gelassenheit ist das Lassen enthalten. Genau da müssen wir hinkommen, es zu verstehen, zu begreifen, dass wir manche Dinge gelassener sehen. Sich deswegen unnötig Stress zu machen ist töricht, um nicht zu sagen, sogar dumm. Nehmen wir zum Beispiel die Liebe. Ich kann einen Menschen lieben, ihn begehren, ob dieser meine Liebe erwidert, weiß ich nicht. Ich kann das Ganze nicht beeinflussen und das ist gut so. Also kann ich diesbezüglich nur eines tun, mich in Gelassenheit üben.

Wenn ich versuche die Liebe mit Krampf zu erzwingen, erreiche ich das Gegenteil. Der andere macht zu und wendet sich ab. Wenn ich jedoch gelassen bin, gebe ich ihm die Chance daran wachsen zu können. Das ist eine wesentlich bessere Ausgangsbasis, um darauf aufbauen zu können.

Nehmen wir die Arbeit, ob wir einen Auftrag oder die Stelle erhalten, liegt außerhalb unseres Kompetenzbereiches. Das haben wir nicht in der Hand, wir geben vorher unser Bestes und dann dürfen wir loslassen. Das ist die hohe Kunst, denn eines Tages müssen wir eh alles loslassen.

Das Wörtchen „Loslassen" verbreitet Angst unter der Menschheit. Denn danach kommt das berühmte Ungewisse, das Dunkle. Üben wir uns darin und unser Leben wird freier und wertvoller. Genau das ist der entscheidende Punkt, so durch die Welt zu gehen. In völliger Freiheit, alleine durch unsere Einstellung. Das tut dir gut und du gewinnst dadurch eine neue Ausgangsbasis.

Wie geht es dir damit

Wie fühlt es sich an, was hast du für ein Feeling? Du hast zwei Möglichkeiten, darum wähle die für dich ideale aus und stehe vor allem dazu. Das ist wichtig, dass man sich selbst treu bleibt. Du bist nicht gezwungen, das hier Erwähnte anzuwenden. Es steht dir vollkommen frei und das solltest du für dein gesamtes Leben mitnehmen. Die absolute Freiheit ist durch nichts zu ersetzen.

- Ich wende es nicht an
- Ich wende es ab sofort an

Ich wende es nicht an

Das kannst du tun, dann lebe weiter wie bisher. Das ist dein gutes Recht und lebe es. Achte aber darauf, wenn du die drei G's nicht anwendest, dass du keine negativen Äußerungen ausübst. Das ist wichtig, denn sonst hast du eine permanente Vertiefung von negativen Metaphern und die tun definitiv nicht gut.

Ich wende es ab sofort an

Dazu gratuliere ich dir von Herzen. Genau so macht man es, sich die Chance geben, mindestens 30 Tage lang einen neuen Weg zu beschreiten und zu schauen, was passiert. Ich weiß es aus unzähligen Erfahrungen, die Welt, deine Welt fängt an sich zu verändern und das tut unendlich gut. Es ist aufbauend und stärkend, du gewinnst dadurch eine neue Lebensqualität. Mehr darüber im nächsten Kapitel.

Permanentes runter beten

Das ist uns nicht unbekannt, jeder Mensch hat seinen Weg, den er geht. Es kann ein Positiver oder ein Negativer sein. 97% der Menschen gehen gewohnheitsmäßig den Negativen, mit verheerenden Auswirkungen für sich und ihr Umfeld. Darum heißt es klar dagegen zu steuern, und sich nie auf das üble Spiel einzulassen. Es braucht wenig, dass sich die eigene Welt anfängt zu drehen.

Es ist die gleiche Energie

Ist das nicht klasse, als ich angefangen habe mich intensiver mit der Materie zu beschäftigen, habe ich eines bemerkt, es ist immer die gleiche Energie, welche ich einsetze. Es sind Gedanken, Worte, die kosten eine bestimmte Menge an Energie. Nur die Ergebnisse sind total anders. Danach wird es umso schwieriger, je negativer ich unterwegs bin. Das kostet richtig viel Energie und ist nicht erbauend.

Ich hasse es oder ich liebe es

Es sind Gedanken und gesprochene Worte, das ist alles. Nur wenn du etwas hasst, vergiftest du deinen Körper damit, fügst dir Schaden zu und das ist von Übel. Wenn du sagst ich liebe es, wird dein Körper mit Liebe durchströmt, das gibt dir Kraft und Lebensqualität. Der Energieaufwand ist jedoch der gleiche.

Wenn es Energie kostet, dann den richtigen Weg

Der Meinung bin ich, und darum sollte ich es mir vorher überlegen, wie sinnvoll ist das überhaupt, was ich mache? Ist das zielführend oder das Gegenteil davon? Bevor du loslegst, egal in welcher Form, mache dir ein paar Gedanken darüber. Das lohnt sich und danach kommst du erst ins Handeln. Sonst ist dir nicht mehr zu helfen. Bei uns in der Schule stand oben an der Tafel ein großes Schild „Bevor du etwas sagst, schalte dein Gehirn ein!“ Den Sinn und die Bedeutung, habe ich erst viele Jahre später verstanden.

Wir sind die einzig denkenden Lebewesen

Das müssen wir uns intensiv überlegen, kein anderes Lebewesen bringt es in dieser Form fertig. Nach meinem heutigen Wissensstand, was vielleicht eines Tages sein wird, das weiß ich natürlich nicht. Wenn wir schon diese Begabung mit in die Wiege gelegt bekommen haben, sollten wir sie auch nutzen und dankbar dafür sein. Es liegt ein riesen großes Potenzial darin vergraben. Bergen wir endlich diesen wunderbaren Schatz und machen etwas Großartiges daraus.

Frage dich daher stets, was bringt es

Das ist ab sofort deine wunderbare Aufgabe, zuerst zu fragen, was bringt es mir, dass ich so denke, das tue? Wo führt mich das hin? Gibt es mir mehr Lebensqualität oder wirkt es zerstörend? Was habe ich davon und was haben andere davon? Klar kannst du nun hingehen und sagen „Was interessieren mich meine Mitmenschen!“ Diese Einstellung finde ich fatal, denn wir leben alle in einer großen Gemeinschaft und unsere Aufgabe ist es, darauf zu achten, dass es allen gut geht.

Du schadest dir und den Mitmenschen

Also heißt es mit anderen Worten, zum Segen oder zum Schaden für sich und die Umwelt. Klar sind wir uns am nächsten, es ist aber wundervoll zu sehen, wie viel auch von den anderen Leuten zurückkommt, wenn wir ihnen positiv begegnen.

Kennst du Wilfried Pareto 20/80

Der italienische Nationalökonom lebte im 18. Jahrhundert und hat eine bis heute wichtige Regel aufgestellt. Wobei er sagt, dass 20% Aufwand 80% des Ertrags bringen. Und 80% Aufwand 20% des Ertrages. Wenn das so simpel ist, müssen wir uns fragen, wieso wir es oft so kompliziert machen? Weil wir losrennen, ohne uns vorher Gedanken über unser Leben zu machen, wohin die Reise gehen soll und was die Ziele sind. Wenn wir hier Klarheit schaffen, geht es uns besser und wir führen endlich ein wundervolles Leben.

Nehmen wir die Regel auf das Positive oder Negative

Das können wir passend übertragen, die meisten machen einen riesigen Aufwand für minimalen Ertrag. Sie schaffen von früh bis spät in den Abend hinein, tun sich richtig schwer. Dann gibt es solche, die mit einer wundervollen Leichtigkeit durchs Leben marschieren. Kennst du solche Leute auch? Zu welchem Typus gehörst du? Zu den schweren oder leichten Typen? Ich gehörte viele Jahre zu den Schweren, habe mir mit fast allem schwergetan und stets gegen viel Widerstand gearbeitet. War dann immer erstaunt, dass es nicht richtig voranging.

Wenn du dich positiv bewegst, geht es leichter

Das ist der entscheidende Punkt, wieso muss man sich das Leben unnötig schwer machen? Kennst du diese Fragestellung, sicherlich? Was bringt es dir, wenn du dir das Leben schwer machst, wenn es doch auch leichter geht? Ich sehe darin keinen Sinn, die Problematik ist dabei, dass die meisten Menschen nicht wissen, dass es auch anders geht. Sie mit der Positivität leichter, eleganter und auch schneller durchs Leben kommen. Dabei noch ein großes Glücksgefühl empfinden.

Führe es dir nochmals vor Augen

Es ist nicht schwer, weil es schwer ist. Es ist schwer, weil du es dir schwer machst. Das ist der große Unterschied auf dem Lebensweg. Mir hat man damals häufig gesagt „Mach dir doch das Leben nicht so schwer" oder „Nimm das Leben nicht so schwer." Ich habe es nicht verstanden, war der Meinung, dass das Leben schwer ist und damit war es für mich klar.

80 zu 20 oder 20 zu 80

Du kannst ab jetzt wählen, denn du weißt ab sofort, wie die Uhren ticken. Du kannst ab heute nicht mehr hingehen und sagen, wenn ich das damals gewusst hätte, dann. Dieses Alibispiel ist aus und vorbei, tut mir echt leid für dich, hättest du besser das Buch nicht gekauft und gelesen. Nein natürlich nicht, du bist doch bewusst angetreten, sonst hättest du das Buch nicht gekauft. Also geben wir jetzt Vollgas und lösen für immer die Handbremse.

80% zu 20%

Das ist und bleibt weiterhin so, wenn du negativ unterwegs bist. Denn das Negative zieht zwangsläufig weiteres Negatives nach sich und damit erreichst du nichts, was dich zum Erfolg führt. Dies ist das Naturgesetz von Aussaat und Ernte. Du erntest immer nur das, was du gesät hast. Mehr darüber im Kapitel von Aussaat und Ernte. Es ist ein riesiger Aufwand, den du da betreiben musst. Ist so, als müsstest du gegen etliche Windmühlen antreten und hast keine Chance.

20% zu 80%

Das ist das Gegenteil davon, du gehst mit einer großen Leichtigkeit durchs Leben, bist für alles sehr dankbar und glücklich. Gibst ausschließlich Positives in die Welt hinaus und das kommt auch wieder zurück. 20% Aufwand und du erhältst 80% Ertrag. Kannst du dir das vorstellen? Es sind paradiesische Zustände, die sich dir da auftun. Es ist ein wundervoller Traum, welcher Wahrheit werden kann, wenn du es wirklich immer konsequent umsetzt. Werde ein Meister darin und erfreue dich neuer Lebensqualität.

Bei allem, was du tust, denke immer an Wilfried Pareto

Können wir uns bitte darauf einigen, dass du das ab sofort tust? Das ist wunderschön und ich freue mich sehr, wenn du heute damit startest. Denn das verändert deine Welt um ein Vielfaches und du gewinnst dadurch mehr Lebensfreude. Du merkst, es geht immer wieder um das Gleiche, um deine berühmte Lebensfreude, und dass du dich in deiner Haut wohlfühlst. Denn wenn du dich gut fühlst, es dir supergut geht, dann geht es auch den anderen Menschen so.

Nimm es nicht hin, wie es ist

Das würde bedeuten, sich dem sogenannten Schicksal zu fügen. Du kannst es ändern, jederzeit. Egal, wo du dich gerade befindest, was du alles erlebt hast. Ob du arm oder reich bist, gesund oder krank, nimm es als die berühmte Ausgangsbasis, auf der du jetzt aufbaust. In der Form, dass du endlich ein völlig glückliches und erfülltes Leben dein Eigen nennen kannst. Du hast es in deiner Hand, das kann ich nicht oft genug betonen.

Die Ausgangsbasis ist nicht entscheidend

Wichtiger ist eine einzige Frage, wo die Reise hingehen soll. Was möchtest du in deinem Leben alles bewegen? Siehe auch das Kapitel Lebenswerk, wo ich intensiv auf die Thematik eingehe. Viele Menschen sind leider der Meinung, dass sie an ihrem Schicksal nichts ändern können. Diese Einstellung ist fatal. Denn du kannst immer etwas ändern und sei es nur deine persönliche Haltung zu der Situation. Ich weiß, es hört sich in manchen Situationen locker und oberflächlich an. Tue es, und du erlebst eine völlig andere Qualität deines Daseins.

Viktor Frankl ist ein großes Vorbild für mich

Wenn du mit dir und deinem Schicksal hadern solltest, lese bitte Viktor Frankl. Dann bekommst du mit Sicherheit eine völlig andere Einstellung zu deinem Leben. Er war viele Jahre im Konzentrationslager, seine gesamte Familie wurde umgebracht und er hat es überlebt. In dem er in seiner Welt lebte, in seiner innerlichen Welt. In dieser kann von außen nichts hineingelangen. Das ist genau der Punkt, egal, in welcher Situation du dich gerade befindest. Möge diese noch so grausam sein, in deiner inneren Welt kannst du anders leben und diese gehört dir alleine.

Arbeite unbedingt an deinen Visionen

Nochmals, da wo du jetzt bist, bist du aufgrund deiner Lebensweise hineingeraten. Darüber zu lamentieren, zu schimpfen ist purer Schwachsinn, denn das nützt dir in dem Moment nichts. Je mehr du dich darüber beklagst, dies ist genau das, was viele Menschen machen, verschlimmert deine Lage sich zusehends. Mit dem Resultat, dass es sich dermaßen manifestiert, du eines Tages wirklich keinen Ausweg mehr daraus siehst. Weißt du, wie fatal das ist? Es ist furchtbar und grausam derart vorzugehen. Man fügt sich dadurch einen riesigen Schaden zu.

Blicke unbedingt nach vorne

Ich nehme hier gerne das Beispiel des Autofahrens, da blickst du ja auch nicht auf die Seite oder sonst wohin. Dein Blick ist klar nach vorne gerichtet, weil vorne das Ziel ist. Ab und an zur Überprüfung einen kurzen Blick in den Rückspiegel, das war es dann. Du würdest auch nie beim Autofahren stundenlang rückwärtsfahren? Genau das machen die meisten Menschen in ihrem Leben. Sie fahren manchmal ein Leben lang rückwärts und erzählen, wie wunderschön und gut doch die Zeiten damals waren, oder vielleicht ja auch wie schrecklich. Was bringt das bitte? Wenn du rückwärtsfährst, kannst du nicht vorwärtsfahren, folglich bleibst du in deiner alten Welt haften.

Glaube felsenfest an deine Visionen

Es ist wichtig, dass du zu 1.000% felsenfest davon überzeugt bist, es zu schaffen und alles zu erreichen, was du dir vorgenommen hast. Wieso sich eingrenzen, wenn das Leben Fülle und Grandezza ist? Das macht nur ein Narr und derer hätten wir doch genug. Du bist kein Narr, bist ein großartiger Mensch mit vielen Fähigkeiten. Lobe dich dafür immer öfters.

Ob es so wird, wie es wird oder auch nicht

Du hast aus deiner Sicht immer recht, und wenn man das verstanden hat, fängt die Welt an sich zu drehen. Dann ist nichts wie vorher, alles ist in Veränderung und das finde ich gigantisch. Das Leben als große Erfüllung, als ein dauernder Traum. Fange heute noch damit an und lasse eins nach dem anderen zügig wahr werden. Du schaffst das, weißt du, wieso ich das weiß? Aus einem simplen Grund, du hast es ja auch geschafft, das Buch bis hierher zu lesen, Durchhaltevermögen an den Tag gelegt. Also, ich bin bei dir und du bitte auch.

Gib niemals auf

Für mich ist das eine der wichtigsten Lektionen überhaupt. Denn an das Aufgeben kann man sich schnell gewöhnen und was ist dann? Der Mensch ist ein sogenanntes Gewohnheitstier, was er gemacht hat und was ihm in dem Moment gutgetan hat, tut er immer wieder. Es wird zum festen Programm in seinem Innersten. Möchtest du das? Nein bestimmt nicht, denn so wird es nichts mehr in deinem Leben.

Wer aufgibt, hat verloren

Es ist ein gerne gespieltes Spiel, das Spiel des Aufgebens. Es ist das Dümmste, was du machen kannst. Denn wenn du aufgibst, hast du verloren. Bitte lese diesen Satz nochmals laut vor

„Wer aufgibt, hat verloren!"

Ich finde das traurig und fatal. Aufgeben, um zu verlieren, dabei möchten die meisten Menschen ein anderes, ein schöneres und gigantischeres Leben. Ein erfülltes Leben, ein glückliches und noch vieles mehr. Mit der Einstellung entsagen sie sich dem völlig.

Ich war einer der größten Aufgeber

Es sah förmlich so aus, als hätte ich dafür speziell trainiert, kannst du dir das vorstellen? Ich wollte so viel sein und haben, und wenn es ans Eingemachte ging, schwierig wurde, habe ich aufgegeben. Wie dumm und töricht war da mein Verhalten. Das musst du dir mal vorstellen, wo könnte ich heute in meinem Leben stehen, wenn ich drangeblieben wäre? Es ist aber Unsinn darüber nachzudenken, wo ich stehen könnte. Wichtiger ist es, dass ich diese selbst gebaute Falle aufgelöst habe, für alle ewigen Zeiten.

Es wird schnell zum Programm

Das immerwährende Programm, sicherlich hast du dich auch

schon gefragt, wieso es Menschen gibt, die immer auf der Erfolgsleiter stehen und andere Pech haben? Ganz einfach, es sind deren Programme, das ist alles. Welche Programme fährst du im Moment, die eines Siegers oder Verlierers? Schreibe es auf.

Wieso ist das so, hast du das schon einmal hinterfragt? Nichts ist nur so, wie es ist, es gibt stets eine Ursache und eine entsprechende Wirkung. Es ist das alte Lied von Aussaat und Ernte. Was ich säe, werde ich ernten. Wenn ich Weizen säe, kann ich nur Weizen ernten. Nachfolgend notiere, wieso das so ist.

Wie fühlt sich das für dich an? Als ich diese Aufgabe gemacht habe, musste ich wirklich die Hände über dem Kopf zusammenschlagen. Ich konnte es nicht glauben, wie dumm und töricht war ich doch da des Weges.

Ein wenig muss und darf ich mich in Schutz nehmen

Vielleicht fragst du dich nun, wieso denn das? Aus einem einfachen Grund, ich bin in einem Milieu aufgewachsen, klein bürgerlich und devot, wo das normal war. Das hat sich wie ein roter Faden durch mein gesamtes Leben gezogen. Die Tendenzen waren immer klar, hier einige der wunderschönen Aussagen von wegen

- Lass es doch, das bringt eh nichts
- Ich habe es dir gleich gesagt
- Das braucht kein Mensch
- Das ist ein Blödsinn
- Schuster, bleib bei deinen Leisten

Lass es doch, das bringt eh nichts

Eine Hammeraussage finde ich, denn woher will diese Person das wissen? Das kann ich leider nicht nachvollziehen. Man hat keine Ahnung und maßt es sich an, darüber zu urteilen. Da sind dann zwei Ahnungslose zusammen, der eine, der gerne möchte, unsicher ist und auf der anderen Seite der, welcher alles weiß und noch nichts in seinem Leben bewegt hat. Schon ist es perfekt und endet genau dort, wo es enden muss, im Chaos und im Nichts.

Ich habe es dir gleich gesagt

Ja natürlich, was denn sonst. All die selbst ernannten Glücksbringer, die eh alles wussten und dabei keine Ahnung haben. Es ist permanent das gleiche Programm, welches abläuft. Das kann nicht gut gehen. Es ist im Übrigen auch eine leichte Nummer, von außen zu beurteilen. Ein Erfolgreicher würde das nie tun, er hätte stets aufbauende Worte parat.

Das braucht kein Mensch

Auch das ist natürlich klar, da hört man auf Menschen, die selbst seit Jahren immer das Gleiche gemacht haben. Diese entscheiden dann, ob es passt oder nicht, die spielen Cäsar. Aber ich wusste es damals nicht, dass man nur Erfolgreiche fragen darf, die den Weg bereits gegangen sind. Mir war die Meinung der anderen Leute wichtig und das war grundlegend falsch. Aber ich habe es zum guten Glück noch relativ frühzeitig gecheckt.

Das ist ein Blödsinn

Wie oft hörte ich auf meine Aussage, ich schreibe ein Buch „Das brauchst du doch nicht, ist Blödsinn. Es gibt so viele Bücher, da musst du nicht auch noch eines schreiben“ und weiteren Schwachsinn.“ Tja, so schnell kann es gehen, dass man lieber nichts tut. Das muss man sich einmal vorstellen. Ein paar Worte zu meiner Schreibblockade im Kapitel „Was andere anrichten können!“

Schuster, bleib bei deinen Leisten

Auch klar, wo denn sonst und wer sagt das? Menschen, die noch nichts bewegt haben, wissen aber genau, wie es zu gehen hat. Das finde ich, ist der pure Wahnsinn. Aber wie heißt es treffend, es braucht immer zwei. Einer der tut und einer, der es zulässt. Also trage ich für alles die Verantwortung. Mehr darüber im Kapitel „Trage endlich die Verantwortung!“

Was nimmst du für dich daraus mit

Ich bin davon überzeugt, dass du dich häufiger bei meinen Aufzählungen erkannt hast. Das ist gut so und jetzt kannst du es entsprechend mit deinem Leben vergleichen. Parallelen ziehen und überprüfen, ob es so weiter gehen soll und kann, oder ob eine schnelle Änderung herbeigeführt werden muss. Ich bin lieber für eine Änderung zum absolut Positiven und natürlich auch Lebensbejahenden. Das ist eine andere Ausgangsbasis, macht wesentlich mehr Spaß und bringt zusätzlich eine gigantische Lebensfreude.

Was andere anrichten können

Das habe ich am eigenen Leibe erfahren dürfen, was passiert, wenn man es zulässt. Welche verheerenden Wirkungen solch ein Verhalten verursacht und das alles nur, weil man den Aussagen der anderen glaubt. Es kommt immer nur auf den eigenen Glauben der Sache gegenüber an. Wenn man das verstanden hat, sieht die Welt anders aus. Das heißt, sie ändert sich dadurch im höchsten Maße und du gewinnst eine noch nie da gewesene Lebensqualität.

Dass ich schreiben konnte, hatte ich schon früh bewiesen

In meiner Schulzeit war ich schon ein begnadeter Schreiber. Gute Noten, Belobigungen und Preise waren der Beweis dafür. Meine Liebesbriefe waren ellenlang. Also hätte damals ja bereits der Weg klar sein sollen, wo es eines Tages hinzugehen hat. Aber, und jetzt kommt es, keiner hat das gefördert. Es war vorhanden, meine Eltern fanden es nett, waren aber der Meinung, ich sollte einen gescheiten Beruf erlernen. Das war aus ihrer Sicht wichtiger. Ansonsten hätte es nur noch die Lehrer gegeben, da kam auch keiner auf die Idee, diese Begabung zu fördern. Sie war vorhanden und ich habe instinktiv längere Aufsätze geschrieben.

Ich war schon immer eine Leseratte

Auch das war letztlich ein Indiz, dass weitaus mehr dahintersteckt. Mit 12/13 Jahren las ich Bücher von Napoleon Hill und Dr. Josef Murphy. Ich fand es faszinierend, toll und wusste, dass ich eines Tages sehr erfolgreich sein werde, das war für mich eine klare Tatsache. Es sollte aber noch ewig lange dauern. Viele Jahrzehnte, weil mein Umfeld genau das Gegenteil davon wollte.

Ich schrieb für verschiedene Fachzeitschriften Berichte

Da ich es liebte, begann ich für die verschiedensten Fachzeitungen

Berichte zu schreiben. Das hat mir Spaß gemacht und es lief auch sehr gut. Parallel dazu habe ich angefangen, mein erstes Buch zu schreiben. Das Manuskript schickte ich einem Verlag und es kam Monate später mit dem Hinweis zurück, dass es leider nicht in ihr Verlagsprogramm passt. Das war die erste Wunde, es kam aber noch weitaus schlimmer.

Ich schrieb mehrere Jahre lang für die verschiedensten Verlage

Da kam ich eines Tages auf die Idee, auch einem Fußpflege-Verlag ein Manuskript zu schicken. Es hat nicht lange gedauert, da kam das Manuskript zurück, mit einem zweiseitigen Brief folgenden Inhaltes. Hier ein kleiner Auszug, was mir noch haften geblieben ist „Was haben sie für einen Schwachsinn geschrieben. Ich bin über 30 Jahre Redakteur und habe noch nie einen unsinnigeren Fachbericht gesehen. Schicken sie uns nie wieder etwas zu, denn sie stehlen uns dadurch unsere Zeit!"

Ich fühlte mich aufs Tiefste angegriffen und verletzt

Es hat mir wehgetan, ich konnte es nicht fassen. Wieso solch ein Schreiben, alle anderen waren doch zufrieden mit mir. Wieso hat der Redakteur so geschrieben? Es war für mich schlimm, sehr sogar. Es kam aber noch schlimmer und das war dann wirklich die Krönung. Das war der berühmte Dolch mitten ins Herz, von einer Sekunde zur anderen.

Ich suchte Hilfe bei meiner Exfrau

Ich bin mit diesem Brief zu ihr gegangen, fassungslos und den Tränen nahe, aber auch der Wut über diesen Ignoranten. Die weiteren Worte erspare ich dir jetzt. Meine Ex begann ihn zu lesen, schmunzelte und meinte lapidar „Ich weiß gar nicht was du willst lieber Ernst? Der Mann hat völlig recht, das habe ich dir schon des Öfteren gesagt, du bist der deutschen Sprache leider nicht mächtig!" „Wie, das verstehe ich jetzt nicht, die anderen haben doch auch meine Artikel veröffentlicht." Darauf meine liebe Ex „Ich gebe dir einen guten Tipp, höre mit dem Schreiben auf, begrabe deinen Traum. Ich habe keine Lust mich wegen dir zu blamieren, im Übrigen, dein Buch war ja auch nichts."

Es ging so tief rein, tief in meine Seele

Es hat mich so verletzt, zutiefst bis aufs Knochenmark getroffen, wie der Volksmund treffend sagt. Das war es also, ich kann nicht schreiben und soll es lassen. Vielleicht hat sie ja recht, ich sollte es lieber lassen? Ein letztes Aufbäumen, ich nahm den gleichen Artikel und schickte ihn meinen beiden Fachverlagen. Sie werden es nicht glauben, der Artikel wurde veröffentlicht und ich bekam sogar ein Schreiben, dass es der beste Artikel war, den ich jemals geschrieben hatte. Es ging um das Thema „Endlich vernünftige Preise im Kosmetik- und Fußpflege-Institut zu verlangen!"

Es nützte jedoch nichts mehr

Die traurige Tatsache war, dass das Negative zu stark überwiegte. Ich hatte den Glauben an mich verloren, fortan konnte ich nicht mehr schreiben. Es war wie verhext, meine Begabung war weg. Kannst du dir das vorstellen? Die Verlage wollten weitere Fachartikel von mir haben, aber ich konnte nicht mehr schreiben.

Mein eigener Glaube hat es für wahr gehalten

Ich war derjenige, welcher es zugelassen hat, dass sich diese negativen Botschaften in meinem Inneren manifestieren konnten. Dies habe ich jedoch erst viel später verstanden, dass es nicht auf die Nachrichten ankommt, sondern wie ich mit ihnen umgehe. Ich habe sie so verankert, wie sie mir übertragen wurden. Ich bin mir sicher, auch du kennst solche Erlebnisse aus deinem Leben. Das passiert immer dann, wenn man den Botschaften anderer Menschen Macht einräumt und diese für bare Münze hält.

Ich bin in die Falle gelaufen

Kein Mensch hat es mir gesagt, dass es letztlich nur darauf ankommt, was ich von mir halte. Dass einmal sowieso keinmal ist und es leider so ist, dass eine negative Nachricht weitaus mehr überwiegt, wie Hunderte positiver Nachrichten. Das muss man sich mal vorstellen, genau dieses Verhaltensmuster habe ich zigfach vorgefunden.

Es hat über zweieinhalb Jahrzehnte gedauert

Kannst du dir das vorstellen, unfassbar. Wo könnte ich heute stehen, wie viele Werke könnten von mir auf dem Markt sein, wenn ich meine Begabungen voll ausgelebt hätte? Mich durch solche schwachsinnigen Äußerungen von Menschen, die noch nie etwas Großes bewegt haben, nicht abbringen lassen. Ich habe es aber getan und trage dafür die volle Verantwortung. Ich war letztlich derjenige, welcher es geglaubt hat.

Der Wunsch war aber immer da

Der Wunsch war in mir verankert. Permanent tauchte er auf und ich war aber nicht in der Lage, zu schreiben. Es war ein Ding der Unmöglichkeit, manchmal war ich traurig darüber, dass ich meiner Berufung nicht nachgehen konnte. Die Blockade war zu heftig. Ich habe es dann nach einigen Jahren wieder versucht, wie es das Wort ja schon ausdrückt, ich habe es versucht und es ging nicht.

Ich habe es öfters versucht

Es war wie ein brodelnder Vulkan in mir, es musste raus. Ab und an kam es zu einer kleinen Eruption und das war es dann. Bis ich eines Tages eine große Lebensbilanz zog, das war auf dem Weg zum meinem 50-sten. Ich stellte mein gesamtes Leben infrage. Ich hatte keine Krise, die hatte ich mit 40 Jahren, habe aber geschaut was passiert, wenn ich so weiter mache. Ist es wirklich mein Leben, macht mich das glücklich oder fehlt etwas?

Ja, es fehlten Bücher von mir

Ich spürte es deutlich, es fehlten Bücher von mir. Ich verspürte den brennenden Wunsch und das Verlangen, endlich Bücher zu schreiben und zu veröffentlichen. Nein nicht eines, sondern mehrere. Der Wunsch wurde stärker und stärker, da setzte ich mich hin und begann wieder zu schreiben. Am Anfang eher schleppend und es hat sich oft über Monate hingezogen, denn es fiel mir unendlich schwer. Ich hatte verschiedene Bücher angefangen, aber nie eines vollendet.

Ein ernstes Wort half

Ich führte eine höchst spannende Kommunikation mit mir und da war es soweit, ich muss endlich anfangen zu schreiben. Hier auch ein großes Dankeschön an meine wundervolle Mitarbeiterin und heutige Geschäftsführerin Gisela Nehrbaß, die mir all die Jahre die Treue gehalten hat, mich öfters daran erinnerte, endlich loszulegen und mich motivierte. Seitdem läuft es, ich schreibe ein Buch nach dem anderen und bin überglücklich. Bis heute sind zig Bücher von mir auf dem Buchmarkt und es werden noch weitere veröffentlicht werden.

Was will ich dir mit der Geschichte sagen

Bestimmt nicht, dass du anfängst mich zu bedauern, denn Mitleid brauche ich nicht. Ich war schuld daran, wie konnte ich mich nur auf die Aussagen von zwei Spezialisten berufen und ausruhen. H tte darüber lachen müssen, den Kopf schütteln über solche Anmaßungen und ohne groß nach rechts und links zu schauen, weiter schreiben sollen.

Ich habe es aber nicht getan und das lag einzig und alleine an mir. Was ich dir damit aufzeigen will, dass du sorgsam und achtsam mit den Äußerungen von anderen Menschen umgehst. Überprüfe diese immer skeptisch, du hast die letzte Entscheidung, ob du es für bare Münze nimmst oder nicht. Das Ganze in dein Leben integrierst, es zu einem festen Bestandteil werden lässt, oder ob du den geworfenen Bumerang zurückgehen lässt. Du bist nicht verpflichtet, diesen zu fangen, musst dich einfach nur bücken. Ziehe in deinem Leben immer dein Ding durch.

Passe sehr gut auf dich auf

Das wünsche ich dir von ganzem Herzen, und wenn du jetzt in deinem Leben noch die eine oder andere ähnliche Baustelle entdeckst, dann tue endlich das, was du schon immer tun wolltest. Sodass auch du ab sofort ein äußerst erfülltes Leben lebst. Leider liegen auf den Friedhöfen genug unerkannte Genies, die es zeitlebens verpasst haben, endlich anzufangen.

Aussaat und Ernte

Es ist spannend und aufregend, das erkennen und verstehen zu lernen. Dass wir immer nur das ernten, was wir vorher gesät haben, so simpel ist das Spiel. Folglich heißt es die Spielregeln zu kennen und anzuwenden. Das ist alles und dann läuft es wie geschmiert. Also weg von der Ignoranz, rein in das Begreifen und des Umsetzens.

Jeder Landwirt kennt das Spiel

Das ist schön zu sehen, wie ein Landwirt sich vorher überlegt, was er ernten möchte und erst danach kauft er das Saatgut ein. Er überlässt nie etwas dem Zufall, nach dem Motto „Na ja, wir säen jetzt Gerste und hoffen, dass es vielleicht Weizen wird!“ Das wäre töricht derart vorzugehen und würde Frust erzeugen, wenn nachher nicht das Gewünschte vorhanden ist. Folglich bedeutet es, lieber im Vorfeld in die Gedanken zu gehen und danach gezielt loszulegen.

Nur Otto Normalbürger verhält sich hier komisch

Es ist unglaublich, dies von außen zu betrachten, wie der Mensch sich bestimmte Dinge vorstellt, wünscht, aber er tut etwas anderes. Solange man nicht darauf achtet, wird es auch nichts. Die Entscheidung liegt bei jedem Einzelnen, wie er damit umgehen möchte. Aber es gibt doch wirklich keinen Sinn, permanent die gleichen Muster zu fahren. Wer andere Ergebnisse erzielen möchte, muss anders vorgehen. Erfolg ist kein Zufall und wird es auch nie werden. Erfolg ist und bleibt planbar, in jeder Hinsicht. Wir müssen nur um die Mechanismen wissen und diese anwenden.

Du hast heute das Resultat deiner vorausgegangenen Taten

Wenn du mit den heutigen Resultaten zufrieden und glücklich bist, dann herzlichen Glückwunsch, du hast es richtig gemacht.

Wenn nicht, gilt es darüber zu reflektieren, wie es zu den unerwünschten Resultaten gekommen ist. Was ist da genau passiert? Das zieht sich dann wie ein roter Faden durch alle privaten und geschäftlichen Bereiche durch. Schreibe nachfolgend alle Punkte auf, wo du klar und deutlich sagen kannst, dass du dies so eigentlich nicht wolltest.

Was wolltest du gar nicht?	**Wie ist es dazu gekommen?**
1.) ______________________	______________________
2.) ______________________	______________________
3.) ______________________	______________________
4.) ______________________	______________________
5.) ______________________	______________________
6.) ______________________	______________________
7.) ______________________	______________________
8.) ______________________	______________________
9.) ______________________	______________________
10.) ______________________	______________________

Hast du es analysiert, das ist eine solch spannende Geschichte, findest du nicht auch? Als ich das gemacht habe, wurde mir einiges klar. Ich spürte und wusste, dass ich selbst der Verursacher war und niemand anderes, ich konnte niemandem die Schuld geben. Anderen Menschen die Schuld zu geben, macht nur klein und hilflos. Ist es das, was du willst, ich kann es nicht glauben. Hier gibt es das schöne, treffende Sprichwort

**„Wer anderen die Schuld gibt,
gibt ihnen die Macht über sein Leben!“**

Ich hoffe, dass es dir durch diese Übung deutlicher wird, dass du immer nur die verursachten Resultate erzielst und nichts anderes. Das ist wichtig, dass man dieses Prinzip tief verinnerlicht und damit anfängt zu leben. Denn dadurch ändert sich für dich ab sofort alles. Du bist niemals mehr der Spielball von irgendwelchen komischen Mächten und Strömungen. Du hast das Zepter ganz fest in deiner Hand und lässt es niemals wieder los.

Jetzt reduziere es auf deine drei schlimmsten Faktoren

Dadurch erhalten wir einen klaren Über- und Durchblick. Schreibe schonungslos alles auf, ohne dir groß Gedanken darüber zu machen. Suche aus deinen zehn Punkten, die für dich gravierensten heraus. Dadurch bist du wieder ein großes Stück in deinem Leben weitergekommen.

Was wolltest du gar nicht?	Wie ist es dazu gekommen?
1.) ______________________	______________________
2.) ______________________	______________________
3.) ______________________	______________________

Wie ist es für dich, was hast du für ein Gefühl? Ob gut oder schlecht, bei mir war es immer, dass ich mich damit nicht wohlfühlte. Denn ich konnte es nicht verstehen, dass man so doof sein kann und dies schon seit vielen Jahren. Aber wie heißt es so schön

„Dumm sein ist nicht schlimm, aber dumm bleiben!“

Das ist weitaus schlimmer, wenn man permanent dieselben Fehler macht. So kennst du bestimmt auch etliche Menschen, die sich lieber ein Leben lang beklagen und jammern, über die schlechte Ausgangslage, und merken dabei nicht, dass sie der Verursacher sind und waren.

Bist du es und das für ewige Zeiten

Dies zu sehen ist super, nimm es dankend an. Es tut mir ein wenig leid für dich, dass du ab sofort nie wieder einen Grund hast, zu jammern, weil du es jetzt weißt. Klar und untrüglich ist es da, das neue Wissen. Wie schön war es doch, zu den Unwissenden zu gehören und alles zu ignorieren. Die alten Gewohnheiten zu leben und im Jammertal zu bleiben. Ich bin so froh, dass ich es für mein Leben gecheckt habe und ich denke du wirst es auch sein, je länger je mehr. Dein Dasein gewinnt an wesentlich mehr Transparenz, Freude, kleine und große Erfolge am laufenden Band.

Jetzt bringe es auf deinen Hauptpunkt

Es gibt bestimmte Verhaltensmuster, die zum Tragen kommen und uns dermaßen beeinflussen. Wir kommen jedoch aus jedem Dilemma heraus. Wichtig ist hierzu den festen Willen zu haben und dann geht es los, ohne nach rechts oder links zu schauen, wir setzen unsere Scheuklappen auf. Niemand kann dich dabei aufhalten, außer du selbst, und wenn du dies weiterhin tust, ist dir nicht zu helfen. Aber das glaube ich nicht, sonst würdest du dieses Buch nicht lesen. Dankbarkeit als das tragende Element, um der vorhergehenden Analyse ein Ende zu setzen, dann läuft es.

Was wolltest du gar nicht?	**Wie ist es dazu gekommen?**
1.) ____________________	____________________

Halte bitte kurz inne

Denke darüber nach, was du für Erkenntnisse dein Eigen nennen kannst und was diese für dich und dein Leben bedeuten. Beachte bitte bei der ganzen Sache, ein Teil deines Lebens ist unwiderruflich vorbei und ein Teil liegt noch vor dir. Wie viel in letzter Konsequenz das ist, wissen wir zum guten Glück nicht. Also heißt es tatsächlich alle Register zu ziehen, unendlich dankbar, zufrieden und sehr glücklich zu sein.

Dein Fazit: ___________________________________

Deine Lebensqualität

Deine Lebensqualität sagt schlicht und einfach aus, wie du lebst. Ob es dir gefällt, du einen sehr hohen oder niedrigen Standard dein Eigen nennst. Viele Menschen sind sich am Beklagen, dass sie nicht das Leben führen, von dem sie geträumt haben. Das finde ich besonders krass und schrecklich. Denn sie könnten es ja jederzeit ändern, wenn sie sich endlich auf den Weg machen würden.

So wie man sich bettet, so liegt man

Der Volksmund hat viele Wahrheiten parat und wenn man ein wenig genauer hinter die Kulissen schaut, stellt man fest, dass es genau um diesen kleinen, aber feinen Unterschied geht. Es liegt stets an der eigenen Einstellung und dann an der konsequenten Umsetzung. Nur dadurch schafft man sich eine völlig neue und gigantische Welt.

Für mich das Allerbeste

Das ist meine Devise, wenn es schon so wunderschöne Dinge auf dieser Erde gibt, dann möchte ich davon einen großen Teil haben. Auch gegen den allgemeinen Tenor „Man muss auch mal zufrieden sein!" Diese Einstellung teile ich übrigens in keinster Art und Weise. Das würde ein Erfolgreicher niemals sagen, das ist die Aussage von den anderen.

„Das Leben ist Fülle!"

Diesen Satz solltest du dir fest einprägen. Das Leben ist grandios, mit immensen Möglichkeiten für den, der bereit ist, sich auf den Weg zu machen, um sich seine Ziele zu erfüllen. Leider ist es so, dass die meisten Menschen etwas haben wollen, jedoch nicht bereit sind, sich dafür auf den Weg zu machen und ein Engagement an den Tag zu legen. Das ist fatal, dumm und töricht.

Hier zwei Beispiele meiner Lebensqualitäten

Gerne erzähle ich dir zwei meiner Lebensqualitäten, nicht um damit anzugeben, sondern dir aufzuzeigen, was möglich ist und wie man dahin kommt. Auch du schaffst das, schaffst übrigens alles, wenn du willst. Das Einzige, was du dazu benötigst, ist eine Portion Mut, denn was sonst passiert, zeige ich dir nachfolgend

„Arm an Mut = Armut!"

Ist das nicht wundervoll, ich liebe diese Metapher sehr, genau um das geht es schlussendlich. Ich muss den Mut aufbringen anzufangen und eine Meisterleistung aus meinem Leben zu machen. Nie wieder zu warten und auf ein Wunder zu hoffen. Hier meine beiden Beispiele

- Auto
- Tee-Time

Auto

Es gibt ja die verschiedensten Modelle auf dem Markt, schöne und weniger schöne, kleine und große, langsame und schnelle. Es gibt viele Modelle und es werden täglich mehr. Ich habe schon als kleiner Junge diese wundervollen Autos mit Begeisterung angeschaut. Ich fand es faszinierend, was es da so alles gab. Ich habe mir meine Nase an den Autoscheiben plattgedrückt, um einen Blick nach innen zu werfen. Wenn jemand mit einem tollen Auto angehalten hat, habe ich ihn gefragt, wie es ist und ob er oder sie mit mir eine kleine Probefahrt macht.

Du kannst dir vorstellen, was passiert ist, manche haben mich entgeistert angeschaut, irritiert und sich abgedreht. Andere waren nett und haben mich reinschauen lassen oder den Motor gezeigt. Da gab es welche, da durfte ich mich reinsetzen und die Krönung war, wenn man meinem Wunsch nach einer Probefahrt entsprochen hatte. So kam ich damals in den Genuss der tollsten Autos.

Ferrari, Porsche, Lamborghini, Maserati, Mercedes, Rolls-Royce und weitere edle Nobelmarken.

Meine Begeisterung war grenzenlos. Ich erinnere mich an ein Erlebnis, damals hat Boris Becker einen Allrad Porsche mit 450 PS für einige 100.000,00 DM gekauft. Es war für mich unvorstellbar, von meiner Geldbörsensicht, solch ein Auto zu fahren. Da waren Welten dazwischen, in meinem Geiste, in meiner Seele. In meinem Unterbewusstsein ging es aber. Dort gab es für mich keine Grenzen. Ich hoffe, du verstehst, was ich meine? In deinem Geiste, deiner Seele und deinem Unterbewusstsein gibt es keine Grenzen außer die, welche wir uns selbst setzen und auferlegen.

Ich habe mich dann buchstäblich langsam hochgearbeitet, mein erstes Auto war ein Renault 12. Ganz nett für die ersten Fahrversuche und dann ging es sukzessive weiter. Ein Fiat Sport 128, ich erinnere mich noch gut daran, als ich meine Skigäste in Deutschland besucht habe und mein Auto auf der Autobahn den Berg runter die für mich magische Grenze, von 180 km/h schaffte. Was war da für mich die Freude grenzenlos und ich wusste, es geht noch weitaus mehr.

Aufgrund meiner doch stürmischen Fahrweise, war das Auto bei 50.000 km fast am Ende und dann kam ich das erste Mal in meinem Leben mit einem Allrad in Kontakt. Damals gab es auf dem Markt nur die japanische Marke Subaru, die den Weg nach Europa fand. Es war ein hässliches Kastenauto, aber der Boxermotor mit seinem Sound und das Allradgetriebe begeisterten mich. Es war auch mein erstes neues Auto. Fortan war der Winter kein Problem mehr.

Danach bin ich auf einen Opel Kombi umgestiegen, war auch ganz nett. Dann gab es meinen ersten 6 Zylinder von Ford. Wow, das war gigantisch, solch ein Auto fahren zu dürfen, dies war für mich damals die absolute Krönung. Diese Laufruhe wunderschön, wieder war ein Meilenstein geschafft. Es ging weiter mit einem Mercedes Geländewagen, dem berühmten G. Auch dieser Ausflug war supertoll, so hoch zu sitzen, der satte Sound des Motors, das hatte was.

Ich wollte jedoch weiter und träumte von einem schnelleren Fahrzeug, dies mit Allradantrieb. Ich erinnere mich noch gut daran, als Audi den ersten Audi quattro auf den Markt gebracht hat. Da wurden die namhaften Autojournalisten nach St. Moritz, zum Testen eingeladen. Dieser Sound, das Röhren, unbeschreiblich und wie fast im Minutentakt ein Abschleppwagen vorbeifuhr, der einen der demolierten Fahrzeuge geladen hatte. Die Journalisten waren es nicht gewohnt, solche Fahrzeuge zu bewegen.

Ich holte mir einen Audi Avant, wieder ein Stück weiter. Dann kam der Audi 200 quattro für sage und schreibe DM 60.000,00, das muss man sich mal vorstellen. Das war damals eine Menge Geld und es war der größte Audi. So, und um jetzt die Geschichte ein wenig abzukürzen, es kam der Audi A8 dazu, dann der Audi A8 12 Zylinder, für mich die absolute Krönung.

Dann wollte ich unbedingt ein Cabriolet fahren und da gab es für meine Größe nur eines, ein Mercedes CLK, hier bitte die beste Motorisierung, das war dann der 55 AMG. Ein absolutes Hammerfahrzeug, welches Spaß ohne Ende bedeutete.

Als ich mir ein neues Auto kaufen wollte, meinte mein Verkäufer, ich sollte mal den Phaeton fahren. Ich lehnte dankend ab, denn mit einem VW-Zeichen wollte ich keine Luxuslimousine fahren. Das war für mich absolut tabu, aber er ließ nicht locker. Ich durfte das Fahrzeug sogar mit nach St. Moritz nehmen. Begeisterung pur, dann erst beim Angebot und in Gedanken an den Spritverbrauch. Es sollte ein ganz besonderes Fahrzeug sein, mit Vollausstattung. Dann fuhr ich mit Begeisterung einen Phaeton 5,0 mit der 10 Zylinder Dieselmaschine. Ein wundervoller Traum dieses Auto, in jeder Hinsicht.

Wieso erzähle ich dir das so ausführlich, weil es für mich wichtig ist, dass du sehen kannst, wie sich so etwas im Laufe der Zeit entwickelt, wenn man daran festhält und nie mehr loslässt. Das ist ein entscheidender Punkt, auf dem Weg zum Erfolg und zu mehr Lebensqualität. Auch du schaffst das ohne Probleme, setze dir die Ziele und dann mache dich bitte auf den Weg.

Ich nehme dich noch kurz mit auf die Reise. Es ist Winter, das Auto ist zugefroren, so musste ich meistens früher aufstehen und das Auto kratzend von der Eisschicht befreien. Oftmals sehr lästig und dann ins eiskalte Auto einsteigen. Heute schalte ich die Zeitschaltuhr ein und das Auto ist wohlig warm, bis ich komme, alle Scheiben sind enteist. Der Motor auf Betriebstemperatur oder, ich nehme die Fernbedienung und drücke drauf. Gibt es etwas Schöneres, für mich nicht? Siehst du, das ist für mich Lebensqualität, dafür bin ich unendlich dankbar.

Ich fahre auf der Autobahn und mache den Tempomat rein, das hat ja heute fast jedes Fahrzeug, bei mir kommt noch der sogenannte Abstandswarner hinzu. Das heißt, ich gebe zum Beispiel die Geschwindigkeit 120 Km/h ein und das Fahrzeug hält stets den Abstand zum Vordermann. Ich kann dir sagen, das ist ein erholsames Fahren, um nicht zu sagen dahingleiten. Wenn der Vordermann bremst, bremst mein Auto von alleine. Wenn der Vordermann beschleunigt, macht mein Auto genau das Gleiche, bis zur eingestellten Geschwindigkeit.

Dann mit dem Allrad, das Fahrzeug hält wesentlich besser auf der Straße. Im Winter bei Schnee, sogar eine 2,5-fache bessere Traktion. Ich steige in Deutschland mit meinen Sommerschuhen ein und fahre durch den tief verschneiten Winter nach St. Moritz. Auch wenn Schneeketten obligatorisch sind, muss ich nicht aussteigen. Weißt du, was das für eine super Lebensqualität ist? Hast du schon bei Schneesturm Schneeketten montiert, nein danke, das brauche ich nie wieder in meinem Leben.

Ich habe die lange Limousine, also kann ich hinten rechts gemütlich sitzen, den Vordersitz nach vorne fahren und habe dadurch genügend Platz zum Arbeiten, während mich mein Fahrer ans Ziel fährt.

Im Sommer ist es heiß, also stelle ich die Ledersitze auf Kühlung und es ist angenehm kühl. Gut, die Sitzheizung ist ja heute fast in allen Autos Standard. Wenn ich müde werde, bediene ich den Knopf für die Sitzmassage und werde während der Fahrt sanft massiert. Das ist ein Teil meiner Lebensqualität.

Es ist Sommer, die Sonne knallt vom Himmel herunter. Dank Solardach kühlt sich das Auto, und wenn ich einsteige, trifft mich kein Hitzeschlag.

Wenn ich Gas gebe, habe ich genug PS, die mich schnell voranbringen. Langsam fahren zu können, zu cruisen genauso aber umzustellen auf Sportfahrwerk und Sportschaltung, schon geht die Post ab.

Ich habe die Wahl aus zig Möglichkeiten und das liebe ich über alles. Es ist einfach nur traumhaft, so durchs Leben zu fahren, im wahrsten Sinne des Wortes. Dann kommt für mich auch noch der Sicherheitsaspekt hinzu, das Auto hat mehr Gewicht und Volumen, dadurch mehr Sicherheit, als ein kleines.

Tee-Time

Auch das gehört für mich zur absoluten Lebensqualität dazu. Immer nachmittags, in einem schönen Café oder noch lieber in einem wunderschönen fünf Sterne Hotel mit Pianisten, genieße ich meine Tee-Time. Es in Ruhe zu zelebrieren, der Musik zu lauschen, die Seele baumeln lassen, ich liebe es. Dabei ein wenig zu lesen, an meinen Büchern zu schreiben, Social Media betreiben, ein Traum.

Genauso liebe ich es morgens außer Haus zu gehen oder dem Büro und einen Café zu trinken, eventuell zu frühstücken. Mich dabei mit anderen Geschäftsleuten zu treffen und auszutauschen. Das ist Leben pur, da kann meine Seele sofort entspannen und mein Geist sich weiterentwickeln.

Konnte ich dir die Lebensqualität näherbringen

Ich wünsche es mir sehr, so habe ich natürlich noch weitere Formen meiner Lebensart, die für mich dazu gehören. Ich bin der Meinung, wenn ich schon lebe, dann lebe ich auf wundervolle Art und Weise. Ich richte mir mein Leben so ein, dass es mir himmlisch gut geht. Ich bin doch dafür verantwortlich und sonst kein anderer. Wenn man das begriffen hat, geht es einem super gut.

Deine Lebensqualität in Vollendung

Die ganze Zeit habe ich über einen Teil meiner Lebensqualität gesprochen, nun sprechen wir bitte über deine Lebensqualität in Vollendung. Ich bin mir sicher, dass es einige Dinge gibt, die du einhältst und auch konsequent lebst. Genauso bin ich mir aber sicher, dass es einiges gibt, was du unbedingt mit aufnehmen möchtest und vielleicht schon lange wolltest. Nun ist es an der Zeit, Nägel mit Köpfen zu machen, denn wenn du dies tust, geht es dir besser. Dann kommst du endlich von deiner negativen Schiene weg, die dir nicht gut tut. Nur noch positiv sein und dann passt es in alle Richtungen. Ich freue mich sehr für dich, dass du ab sofort in die Lebensveränderung hineingehst und dich voll und ganz, hundertprozentig lebst.

Sei sehr dankbar dafür

Dankbarkeit ist ein wichtiger, um nicht zu sagen sogar der wichtigste Schritt in ein neues Leben. Es ist nie zu früh und nie zu spät, daran solltest du denken. Denn ich erlebe es häufig, dass mir die Leute sagen „Ich bin noch zu jung" oder „Ich bin schon zu alt!" Beides ist Blödsinn und sollte nie mehr erzählt werden. Wieso auch, solange du am Leben bist, ist es genau der richtige Moment, um anzufangen. Warte keine einzige Sekunde länger, denn das ist vergeudete Zeit.

Schreibe deine gewünschte Lebensqualität auf

Hier möchte ich dich gerne einladen, die gewünschte Lebensqualität sofort aufzuschreiben. Ich denke darin bist du mittlerweile ein Profi, nicht mehr damit zu warten, sondern gleich loszulegen. Ich bin mir sicher, dass du erstaunt sein wirst, was da alles zutage kommt. Das erlebe ich häufig auf meinen Coachings und bei den

Seminaren. Oft sitzen die Leute da und starren auf das Blatt Papier, dann in die Luft und sind manchmal fast verzweifelt, weil nichts kommt. Wenn man sich dann einen Ruck gibt, plötzlich fängt es an zu fließen und da ist es wichtig, dass man es buchstäblich laufen lässt. Keine Zensur, nichts, nur laufen lassen und die Dinge verändern sich. Wie heißt es treffend, der Kanal wird geöffnet und die geistige Energie kann durchfließen.

Schreibe mindestens zehn deiner wichtigsten Lebensqualitäten auf. Wieso das so ist und ob diese bereits vorhanden sind. Wenn sie da sind, herzlichen Glückwunsch. Wenn nein, dann wird es höchste Zeit, sich auf den Weg zu machen und sich hundertprozentig zu leben. Jeder Tag, an dem du unterhalb deiner Lebensqualität lebst, ist ein verlorener und das darf nicht sein. Wichtig ist, dass du dir treu bleibst. Denn du hast dich ein Leben lang und da sollte man darauf achten, dass man mit sich klarkommt.

Welche Lebensqualitäten hast du, oder möchtest du haben? Wieso ist das so? Sind diese eventuell schon vorhanden oder wenigstens im Ansatz? Je genauer du vorgehst, desto besser kommst du nachher mit dir und deinem Leben klar.

	Meine Lebensqualitäten?	**Wieso?**	**Vorhanden?**
1.)	______________________	____________	_________
2.)	______________________	____________	_________
3.)	______________________	____________	_________
4.)	______________________	____________	_________
5.)	______________________	____________	_________

6.) ______________________ ____________ _________

7.) ______________________ ____________ _________

8.) ______________________ ____________ _________

9.) ______________________ ____________ _________

10.) _____________________ ____________ _________

Wie ist dein Gefühl, fühlst du dich glücklich oder eher traurig? Bei mir war es furchtbar, ich fühlte mich traurig und überhaupt nicht gut, weil ich bei dieser Übung festgestellt habe, was ich seit ewigen Zeiten vor mir hergeschoben habe und dabei wirklich unglücklich lebte. Kannst du dir das vorstellen, Wahnsinn? Ich bin froh, dass ich noch rechtzeitig die Kurve bekommen habe. Was wäre ich für ein armer und verhärmter Mensch geworden. Es hing tatsächlich an einem seidenen Faden, wie immer im Leben.

Es ist nur ein kleiner Moment der Entscheidung, soll ich es tun oder nicht. Soll ich diese Übung durchführen und mich dann mit den Ergebnissen auseinandersetzen? Obwohl es sicherlich angenehmer wäre, es nicht so genau zu wissen. Aber immer nur unglücklich zu leben, das kann es nicht sein. Dazu ist das Leben zu wertvoll und kostbar, wenn man stets unzufrieden ist, so wie ich es war, da kann ich dir sagen, sinkt die Lebensqualität auf unter null, das ist grausam.

Welches sind deine drei wichtigsten Lebensqualitäten

Haben kann man selbstverständlich vieles, wenn wir uns jetzt um die drei Wichtigsten bemühen, erhalten wir einen wunderschönen Einblick für alle anderen. Denn es steckt jeweils immer das gleiche System dahinter, welches zum ganzheitlichen Erfolg führt. Einmal verstanden läuft es. Nachfolgend suche die für dich wichtigsten drei Qualitäten heraus. Auch wenn du womöglich denkst „Nein, ich möchte doch alle haben!" Das kannst du ja, ist kein Problem, es geht nur um die Übung.

Meine Lebensqualitäten?	**Wieso?**	**Vorhanden?**
1.) ____________________	____________	__________
2.) ____________________	____________	__________
3.) ____________________	____________	__________

Wie fühlt es sich für dich an? Ich hoffe super, und du spürst das Verlangen, es endlich zu schaffen, dies nachhaltig und auf Dauer. Genau um das geht es, dass es nicht nur einer der flackernden Momente ist, sondern die große Geschichte, deine gigantische Lebensgeschichte. Ich freue mich sehr für dich, dass du es verstehst und bereit bist, es sofort umzusetzen. Komme was da wolle, du bleibst auf alle Fälle dran und dies in einem extrem hohen Tempo. Wenn nicht jetzt, wann dann bitte, lautet meine Devise?

Reduktion auf deine wichtigste Lebensqualität

Stelle dir vor, du müsstest wählen und dürftest nur eine Lebensqualität dein Eigen nennen. Für welche würdest du dich entscheiden, was ist für dich wichtig oder sogar existenziell? Wenn man das fertig bringt, ist man sehr weit gekommen. Denn das ist die entscheidende Dimension, in der du dich schlussendlich zu bewegen hast. Welcher ist der brennende Wunsch? Wofür wärst du im Extremfall sogar bereit zu sterben, wenn es sein müsste?

Meine Lebensqualität?	**Wieso?**	**Vorhanden?**
1.) ____________________	____________	__________

Wie ist es jetzt für dich, wo du an deinem Ziel angelangt bist? Freut es dich oder macht dich das Ganze eher traurig? Es ist häufig ein Wechselbad der Gefühle, zwischen Freude, Trauer oder auch Wut. Die Gefühle wechseln sich immer wieder ab und nun liegt es an dir, dass du dagegen steuerst, positiv aus dieser Nummer rauskommst. Du alleine hast es in deiner Hand, was in Zukunft geschieht.

Dein Fazit: ______________________________________

Bergen wir deinen Schatz

Ist das nicht wundervoll, wenn man das von sich behaupten kann, dass man auf dem richtigen Weg ist? Ich finde es ist so ein erhabenes und gigantisches Feeling. Ich liebe das immer und immer wieder aufs Neue. Zu wissen, alles ist gut, wie es war, jetzt wird es noch weitaus gigantischer. Das ist der absolute Hammer, meinst du nicht auch? Den eigenen Schatz zu bergen, ist das Größte des menschlichen Vermögens.

Unterfordert zu leben ist nicht lustig

Denke stets daran, in der Unterforderung zu leben, ist nicht gut und ungesund. Es macht einen eher fertig und frustriert. Man nennt es auch die berühmte Lebensfrustriertheit und genau darin bewegen sich die meisten Menschen. Darum sind sie so negativ unterwegs. Diese Zeitgenossen sind äußerst unangenehm. Ich war früher auch einer dieser sogenannten Kotzbrocken. Mit sich selbst im höchsten Maße unzufrieden, frustriert und es nach innen und außen auslebend. Es war sehr sehr schwer mit mir auszukommen. Wenn ich das heute erzähle, glaubt das fast niemand. Aber so war es und etliche können sich noch sehr gut daran erinnern.

Wahnsinn, wenn man sich das überlegt

Wir sind alle mit unendlichen Fähigkeiten auf die Welt gekommen und leben weit unter all den Möglichkeiten, die uns mitgegeben wurden. Wie verrückt ist denn das, es ist buchstäblich eine große Sünde und nicht besonders clever und lebensklug, darum ändere es unbedingt. Du befindest dich bereits in der Veränderung, sonst würdest du das Buch nicht lesen. Sei dir selbst gegenüber dankbar und glücklich. Denn du unterscheidest dich von 97% der Menschen, welche lieber weiterhin klagen und nochmals klagen.

Dein Schatz war seit Geburt in dir vergraben

Das finde ich faszinierend, dass jeder Mensch seinen Schatz in sich birgt. Aber die meisten Menschen wissen das leider nicht und irren in der Gegend herum. Denn wenn sie es wüssten, wären sie nie mehr undankbar und unglücklich. Sie würden sofort eine andere Lebenshaltung einnehmen und leben. Leider ist es tatsächlich so, dass die meisten auf dem Irrweg sind und bleiben werden. Das finde ich traurig und dennoch heißt es hier loslassen.

Jeder lebt nach seiner Fasson

Das finde ich wundervoll, dass wir uns alle jeden Tag aufs Neue entscheiden können, in welche Richtung unser Leben laufen soll. Die meisten Menschen sind zu bequem und träge, lassen daher lieber alles so laufen, wie es ist. Für diese Menschen ist es leichter über die Dunkelheit zu klagen, anstatt ein Licht anzuzünden. Jammern ist für die Mehrheit eine hohe Kultur, ich finde es schrecklich und widerlich.

Du hebst deinen Schatz, in dem du dich endlich lebst

Ein wundervoller Traum, dem du dich dahingibst. Dieser Traum kann dein gesamtes Leben lang anhalten und muss nie wieder zu Ende gehen, wenn du dies nicht zulässt. Wundervoll und traumhaft ist ab heute dein Leben, denn du bist eins mit dir, mit deinen Wünschen und deinem Leben. Einfach großartig und es ist dringlich, dass du unbedingt eine große Dankbarkeit an den Tag legst.

Geist über Materie

Dieses Prinzip muss man verstehen und in sein Leben integrieren. Es gibt dadurch in jeder Hinsicht viel Freiheit. Bei den meisten ist es genau umgekehrt, da haben wir immer Materie über Geist, das ist schade. Wenn wir nicht Herr über uns sind, ergeben sich daraus manchmal komische Situationen. Nicht immer gerade zum Besten und darum ist Vorsicht geboten.

Es gibt ein paar klare Indizien, wann das eintritt

Es ist relativ leicht zu erkennen, wenn man es weiß. Ich gehe das mit dir gleich durch und dann kannst du checken, wie es bei dir abläuft. Du damit klarkommst, ob du dich im grünen oder im roten Bereich aufhältst. Ich war früher sehr stark rot und was habe ich mir damit nur angetan. Ich stand mir von früh bis spät im Weg. Das war dumm von mir, das Problem ist aber, man spürt sehr wohl, dass etwas nicht stimmt, checkt es aber selbst nicht und lässt es dann, wie es ist.

Unwissenheit ist das Schlimmste für uns Menschen

Ich finde, es gibt nichts Schlimmeres als Unwissenheit. Deswegen muss man ab in die Veränderung, sofort dagegen arbeiten. Es ist dringlich, dass du zu einem Wissenden wirst. Denn je mehr du weißt, desto unabhängiger bist du von allen äußeren Umständen. Auch von anderen Menschen, denn Manipulation lässt grüßen und wie. Das ist einfach so, einer versucht den anderen für seine Zwecke zu manipulieren. Schlimm wird es, wenn es unter dem sogenannten Zeichen der Liebe praktiziert wird. Dann heißt es erst recht aufpassen und sich nicht beirren lassen.

Hier die Parameter, um es zu erkennen

Schauen wir uns die einzelnen Positionen an. Immer wenn jemand in dieser Form oder ähnlich spricht, weißt du Bescheid. So kannst du es zügig kontrollieren und dem anderen entweder etwas sagen, ihn darauf aufmerksam machen. Ob es etwas bringt, weiß man nicht, oder du lässt es und weißt, wie der andere tickt. Hier die einzelnen Aussagen

- „Ich würde schon gerne……………..!“
- „Ich bin unschuldig……….!“
- „Ich kann nicht anders……….!“
- „Ich bin in meiner Haut gefangen……..!“

Ich würde schon gerne
Wenn ich gerne würde, tue ich es auch. Nur diese Menschen bringen dann auf die Argumentation unverzüglich eine Menge Gegenargumente. Ich nenne es auch die Alibigeschichten, wieso es gerade nicht funktioniert. Manchmal werden noch Opferstorys erzählt, das ist nicht gerade erbauend. Anstatt würden, tut man einfach und dann hat man es erreicht. Weil ewig mit dem würden zu leben, ist katastrophal. Gehörst du auch zu diesen Typen? Wenn ja, stelle es sofort ab und zwar heute noch. Mit diesem Mist darfst du nicht durchs Leben schreiten.

Ich bin unschuldig
Das ist die nächste, überaus lustige Story. Sicherlich kennst du diese Gruppe Menschen zur Genüge, die immer unschuldig sind. Egal was passiert und wie sie darin involviert sind oder waren. Immer unschuldig zu sein geht nicht, das ist ein Ammenmärchen und völliger Blödsinn. Ich trage stets für alles die Verantwortung und darauf bin ich stolz. Ich habe es nicht nötig, als Unschuldiger durch die Welt zu schreiten, wenn ich in der einen oder anderen Form daran beteiligt war oder bin.

Ich kann nicht anders
Kennst du den gerne in den Mund genommenen Spruch „Es tut

mir so leid, ich kann aber nicht anders........!" Das ist unglaublich, solch einen Quatsch zu erzählen. Natürlich kannst du etwas dafür und dies zu jeder Zeit. Das musst du wissen und ich hoffe, dass du solch einen Schwachsinn niemals erzählst, oder nie wieder. Das zeugt von Schwäche, du kannst und das solltest du dir permanent sagen

„Yes, i can!"

Wenn du das intus und verstanden hast, gibt es für dich keine Grenzen. Das ist gut so, denn Grenzen sind von übel und davor musst du dich schützen.

Ich bin in meiner Haut gefangen

Das ist gefährlich, solche Dinge zu behaupten. Du bist nicht in deiner Haut gefangen. Der Geist kann sich völlig frei bewegen, folglich erzähle bitte nicht solch einen Stuss. Die Haut hält den Körper zusammen, stelle dir einmal das Bild vor, wir hätten keine Haut. Wie sollten da die gesamten Abläufe optimal funktionieren? Wie würden wir da ausschauen? Aber der Geist und deine Seele sind völlig frei und bleiben das normalerweise auch, außer du sperrst beide ein und das machen leider die meisten Menschen.

Du bist frei und bleibst frei

Du bist erst dann nicht mehr frei, wenn du es so entschieden hast. Darum ist es wichtig, dass man selbst stets im vollen Bewusstsein lebt und die Mechanismen klar erkennt, welche da ablaufen. Unwissenheit schützt nicht vor Strafe, das ist gemeingefährlich. Viele Menschen wiegen sich hier in Sicherheit, aber dem ist nicht so. Da spielen andere Dinge eine große Rolle. Es war schon immer so im Leben, die Wissenden waren die, welche die Welt dirigiert haben. Die anderen waren buchstäblich das sogenannte Fußvolk.

Zu welchen Menschen möchtest du dich zählen

Ich weiß, natürlich zu den Wissenden, das ist schön und gut und was tust du dafür? Wie stark setzt du dich tatsächlich ein? Merkst du was, hier beginnt die Schwierigkeit und es wird komplexer. Denn so einfach ist es auch wieder nicht und vor allem dann, wenn man es ein Leben lang total anderst gehandhabt hat. Nach dem Prinzip von Materie über Geist. Aber jetzt ist es ja soweit und du kannst in die Veränderung gehen. Ich wünsche dir dabei viel Kraft und Power, den Weg zu beschreiten.

Du hast es in deiner Hand

Den Satz finde ich hammermäßig. Als ich ihn vor vielen Jahren, ach, das sind ja sogar Jahrzehnte gehört habe, wollte ich es nicht wahrhaben. Es schien mir alles ein wenig komisch zu sein. Ja, ich habe es in meiner Hand, ist nur die Frage was. Diese Frage habe ich mir gestellt, denn ich konnte es nicht glauben. Es schien mir nicht realistisch genug zu sein, irgendwie zu abgefahren. Nun denn, es hat Jahre über Jahre gedauert, bis ich den Inhalt hundertprozentig verstanden und begriffen habe. Was natürlich wichtiger ist, es zu begreifen. Denn das sagt aus, dass man es in seiner Hand hat.

Wie cool ist das denn

Ja, es ist tatsächlich cool und gigantisch. Es geht nur darum, dass du es voll umfänglich verstehst und danach lebst. Du kannst jederzeit dein Leben ändern, wenn du es möchtest. Das Leben ist insgesamt sehr cool für den, der es entsprechend und mit großer Freude lebt. In der Hand halten, genauso solltest du es dir immer wieder vorstellen. Dein Leben in deinen Händen, wie einen Klumpen Ton, aus dem du formen kannst, was du willst.

Es gibt eine wundervolle Geschichte aus dem Orient

Ich erzähle diese Geschichte fast jedes Mal beim Abschluss von meinen Vorträgen und Seminaren. Denn sie versinnbildlicht alle Punkte, auf die es ankommt. Diese sagt treffend aus, dass wir schlussendlich alleine sind, die darüber entscheiden, ob es erfolgreich wird oder nicht. Nachfolgend nun die Geschichte.

„In einer kleinen Wüstenstadt lebte außerhalb der Stadttore ein alter, weiser Mann. Das Volk pilgerte bei Problemen zu ihm und er wurde zurate gezogen, dies störte den König sehr. Er wollte ihn am liebsten liquidieren. Aber das war zu gefährlich, denn damit hätte er sein Volk gegen sich aufgebracht. Deswegen beriet er sich mit seinen Beratern und diese fanden eine geniale Lösung, um dem Problem für immer Herr zu werden. Das taten sie auch dem Volk und dem weisen Mann kund. Wenn er die schwere Prüfung besteht, sollte er für immer frei sein, ansonsten wartete der Galgen auf ihn. Vor Sonnenaufgang traf sich das Volk auf dem Marktplatz. Eine Bühne war aufgebaut und darauf ein Galgen. Der König und seine Berater waren fest davon überzeugt, dass der weise Mann am Galgen baumeln wird.

Der weise Mann begab sich auf die Bühne, wo der König mit seinen Gefolgsleuten bereits wartete. Ein Gemurmel ging durch die Menge, waren sie doch nicht alle so sicher, was der König ausgeheckt hatte. Das Volk mochte den König nämlich nicht, und deswegen schauten sie sorgenvoll auf das, was jetzt kommen wird. Der König sprach mit lauter und sich überschlagender Stimme „Weiser Mann, du bist so klug und weise, dann schauen wir jetzt, ob das wirklich stimmt. Solltest du die Prüfung bestehen, bist du ein freier Mann, wenn nein, wirst du in wenigen Minuten am Galgen baumeln!"

Der König griff in einen Käfig und nahm eine weiße Taube heraus. „Weiser Mann ist die Taube tot oder lebendig?" Der weise Mann überlegte einen kurzen Augenblick und antwortete mit fester Stimme „Lieber König, es liegt ausschließlich in deiner Hand. Sage ich, dass die Taube tot ist, lässt du sie fliegen. Sage ich die Taube lebt, brichst du ihr das Genick."

Ich finde diese Geschichte faszinierend, denn sie spiegelt doch tatsächlich das Leben jedes Menschen. Es liegt in unserer Hand, was aus uns wird. Wir haben alle Möglichkeiten tief in uns vereint. Machen wir stets eine gigantische Meisterleistung daraus, zum Wohle aller.

Ja, aber……….

Da antworten mir die meisten Menschen mit einem großen „Ja aber!" Das ist das Schlimmste, was man überhaupt machen kann. Hier einige Beispiele und vielleicht findest du dich darin wieder.

Ja aber, so einfach ist das nicht……………………........"

„Ja aber, wenn das so einfach wäre………………………"

„Ja aber, bei mir ist alles anders……………………........."

„Ja aber, mich hat das Leben etwas anderes gelehrt…...."

„Ja aber, da würden ja alle falsch leben…………………."

„Ja aber, und die Story lässt sich beliebig fortsetzen……"

Merkst du was? Das finde ich bei der folgenden Bibelaussage einfach genial und so zutreffend.

„Jedem geschehe nach seinem Glauben!"

Diese Aussage trifft exakt den Kern des menschlichen Lebens. Frage ist aber, was glaubst du, was denkst du den lieben langen Tag? Denkst du positiv und lebensbejahend, oder negativ und lebensvernichtend?

Du hast zwei Möglichkeiten, es zu tun oder zu lassen

Lese diesen Satz bitte mehrmals durch. Du hast immer zwei Möglichkeiten und das ist doch genial. Ich bin dankbar dafür, und es ist für mich ein Traum, dies in seiner Vollkommenheit leben zu dürfen. Ich habe stets eine Alternative, denn wie oft sagen wir „Es gibt keinen Ausweg mehr!“ Das ist fatal, wenn man solche Geschichten von sich gibt. Natürlich gibt es einen Ausweg und diesen bestimmst du selbst.

Hier einige Beispiele

Ich führe dir ein paar Beispiele vor, die es in sich haben, um dir zu zeigen, wie es weiter geht. Welche Alternativen es gibt und wie man damit umgeht. Dies natürlich unter dem positiven Aspekt und niemals dem negativen. Wenn du aber negativ denkst, war es das. Dann schieße dich ab, wie man so schön sagt. Also schauen wir uns die Beispiele an.

- Du bist krank
- Dein Partner hat dich verlassen
- Du verlierst deine Arbeitsstelle, einen guten Kunden
- Du hast einen Unfall
- Du hast Streit

Du bist krank

Je nachdem wie krank du bist, heißt es zuerst Ruhe bewahren. Leider gibt es einige Institutionen, die da zur Eile mahnen, klar das ist der berühmte Überraschungseffekt. Ich bin jetzt sogar ein wenig gehässig und nenne es die Gunst der Stunde zu nutzen. Mehr darüber im Unterkapitel „Du hast einen Unfall.“ In den wenigsten

Fällen geht es um Leben und Tod, sodass wirklich unverzüglich gehandelt werden muss. Also, du denkst trotz der womöglich schweren und erschütternden Diagnose positiv. Ich weiß, das ist nicht leicht, aber sehr wichtig und lebensrettend. Danach würde ich mir eine zweite Diagnose einholen und wenn nötig noch eine Dritte. Ich würde niemals etwas von der ersten Diagnose erzählen. Völlig unbedarft und frei soll eine neue Diagnose erstellt werden, ohne dass bereits der Fokus in eine Richtung gegeben ist.

Bleibe bitte cool, absolut cool, möge es noch so schwer sein. Ziehe wirklich alle Register und wenn du dann die verschiedenen Diagnosen hast, von unterschiedlichen Spezialisten, komme zu einer Entscheidung. Im Wort Entscheidung ist klar das Ende von der einen Sache, mit anderen Worten die Scheidung davon. Was ich dir hier schreibe, ist meine persönliche Erfahrung und kein medizinischer Rat. Das steht mir nicht zu und ich darf es auch nicht, mit dem Zusatz, frage immer deinen Arzt oder Apotheker.

Ich habe Dinge erlebt, unglaublich und wenn du im Internet nach dem Begriff „Fehldiagnosen" googelst, wirst du überrascht sein oder sogar heftigst erschrocken. Da gehen die Meinungen weit auseinander. Hier empfehle ich dir folgendes Buch

"Der große Gesundheits-Konz"
von Franz Konz vom Universitas Verlag

Ich hoffe, dass du das Buch bekommst, denn immer wieder verschwindet es wegen massiver Störungen für einige Zeit vom Büchermarkt. Dann beziehe es über das Buchantiquariat.

Positiv zu bleiben und keine negativen Gedanken zuzulassen, ist oftmals eine komplexe Geschichte und nicht einfach. Es lohnt sich aber für dich, denn du solltest immer aus der Adlerperspektive entscheiden. Höre dabei auf dein Bauchgefühl. Ich persönlich ziehe immer die Alternativmedizin vor, wo es machbar ist. Manchmal geht das leider nicht, zum Beispiel bei einem schweren Unfall, Verbrennungen oder einem Darmverschluss.

Nehmen wir an, die Diagnose ist nicht lebensbedrohend. Ein Beispiel von mir, ich habe eine kleine Störung, alle um mich herum sind krank und schieben eine Grippe. Ich spüre plötzlich eine gewisse Schwäche aufkommen. Auch leicht fiebrig, was tun? Dem Gefühl nachgeben und warten, bis es ausbricht oder mit Vollgas alternativ dagegen? Ich kann und will es mir nicht leisten, folglich ziehe ich alle Register. Erstens über das Gedankenmuster. Du kennst es ja bereits „Ich bin von Kopf bis Fuß gesund!" Dann nehme ich etwas für die Materie, meinen Körper. Da gibt es spezielle Produkte, ich liebe die von Dr. Vogel aus der Schweiz. Frage aber bitte auch hier deinen Arzt oder Apotheker.

Dein Partner hat dich verlassen

Kennst du das Gefühl, welches eintritt, wenn du diese Nachricht plötzlich hörst? Ich bin mir sicher, du hast das schon erlebt und wie war es? Kommt darauf an, vielleicht war es ja eine Erlösung, ein sogenannter Befreiungsschlag. Vielleicht war es aber schlimmer und hat dir buchstäblich den Boden unter den Füßen weggezogen. Du dachtest zu fallen, bist gefallen und meintest schon längstens angekommen zu sein und du fällst weiter. Der Boden öffnet sich unter dir und der Fall geht weiter und weiter.

Nichts ist wie vorher, manchmal von einer Sekunde zur anderen hat sich alles verändert. Was gemeinsam aufgebaut wurde, eventuell die Kinder, die Zukunft, das soll jetzt weg sein? Du schreist, weinst, bist wie gelähmt, völlig blockiert, eine furchtbare Situation. Ich habe darüber ein Buch geschrieben mit dem Titel „Der unendliche Schmerz der Verlassenen!"

Tja, und jetzt komme ich daher und sage locker und cool „Du musst halt positiv denken!" Sehr witzig, findest du nicht auch?

Genau das musst du aber tun, eine Medaille hat bekanntlich immer zwei Seiten. Dass es jetzt so ist, hat auch positive Seiten. Schreibe diese sofort auf und lenke dich bitte genau in diese Richtung. Fange nicht an, deinen Partner zu glorifizieren und nur noch das Wunderschöne zu sehen. Darin mit Schmerzen zu schwelgen von wegen „Das alles werde ich nie mehr haben!“

Ich darf dir eines versichern, es wird noch viel viel schöner werden. Es gibt eine Menge großartiger Menschen auf dieser Erde, die auf dich warten. Die exakt zu dir passen und gerne für dich da sind. Vielleicht denkst du nun „Oh Mann, der hat gut reden, ist nicht in meiner Situation!“ Ja, du hast völlig recht und ich darf dir eines sagen, ich durfte die Situation schon ein paar Mal erleben und ich dachte mehrmals, dass ich es nicht überleben werde. Ich bin in tiefste Depression gefallen, mein Leben schien völlig zerstört zu sein. Ich hatte keine Hoffnung mehr, und nur weil ich zu feige war, bin ich heute noch da. Kannst du dir das vorstellen, nein natürlich nicht und ich auch nicht mehr.

Folglich passe gut auf dich auf, dass du dich emotional nicht gehen lässt. Damals kannte ich die Kraft der Gedanken und der positiven Suggestion in dieser Form noch nicht und habe sie auch nicht angewendet. Es geht weiter und die Zeit heilt Wunden.

Du verlierst deine Arbeitsstelle, einen guten Kunden

Das ist fatal, doch wenn du bedacht hättest, dass nichts für die Ewigkeit ist, wärst du nicht so überrascht. Es ist vergleichbar mit einem Zug, mit deinem Lebenszug. Dein Zug rollt von Station zu Station, da steigen neue Leute ein und andere aus. Ich finde diese Metapher wundervoll. Denn sie trifft genau den Kern unseres Daseins. Es ist tatsächlich ein Kommen und Gehen.

Klar schmerzt es im Moment, wenn man die Arbeitsstelle und damit das gesicherte Einkommen verliert. Das ist unangenehm, genauso wie einen potenziellen Kunden zu verlieren. Was willst du machen, in der Regel ist das Spiel bereits gespielt, bevor du es überhaupt merkst und du hast keine Chance, das heißt, du kannst nichts ändern.

Jetzt kannst du in deinem Schmerz versinken, über diese Idiotenfirma schimpfen oder über den undankbaren Kunden, dass die noch alle sehen werden, wo sie hinkommen. Aber das nützt dir nichts. Du schadest dir selbst am meisten, mit solch einer Einstellung. Es zieht dich nur weiter ins Negative, also sieh es positiv.

Eigentlich machte es dir schon seit Längerem keinen Spaß mehr, in dieser Firma zu arbeiten. Du wolltest doch seit geraumer Zeit etwas anderes tun und aus Bequemlichkeit hast du es nicht getan. Nun ist die große Chance da, pack es an und gehe den neuen Weg. Genauso mit deinem Kunden, tief in deinem Inneren ging er dir schon länger auf den Geist. Und jetzt bist du ihn von alleine los. Klar fehlt nun auf beiden Seiten das Geld, es gibt dir aber die große Freiheit, mit der neu gewonnen Freizeit dich für das einzusetzen, was du schon immer tun wolltest.

Du hast einen Unfall

Du hast einen Unfall und das passiert aus heiterem Himmel. Das kann die Welt rasch verändern, so schnell kannst du nicht schauen. Was ist zu tun, wenn du deinen Geist zusammen hast, ist es wichtig, dass du cool bleibst. Immer positiv bleibst und das Positive siehst. Wie kommst du aus dieser Nummer möglichst unbeschadet wieder raus? Sicherlich fällt es schwer, das ist aber egal, solange es geht, gilt stets

„Geist über Materie!“

Dies ist das Thema und bleibt es auch. Achte bitte bei allem in deinem Leben darauf, dir geht es dadurch viel besser und du bist wesentlich erfolgreicher.

Ich hatte vor einigen Jahren beim Joggen, im Winter in St. Moritz die Ehre auszurutschen, habe es leider nicht gesehen, dass unter dem Schnee eine riesige Eisplatte war. Und so kam es, wie es kommen musste. Du kennst bestimmt Murphys Gesetz. Ein Schmerz einfach unglaublich, ich wusste zuerst gar nicht, was mit mir passiert. Es war brutal und mir war schlecht, der Schweiß stand mir auf der Stirn. Dann habe ich versucht aufzustehen, aber es ging nicht, weil ich mitten auf der Eisplatte lag.

Leute eilten herbei und wollten mir helfen, ich habe es dankend abgelehnt. Diese wollten sofort den Rettungswagen rufen. Darauf hatte ich keine Lust, ich bat sie, mich sitzen zu lassen. Ich musste mich zuerst selbst sortieren, denn ich war völlig durcheinander. Ein paar Tage zuvor habe ich unter dramatischen Umständen meinen über alles geliebten Hund Maitali, nach 9 Jahren einschläfern müssen. Jetzt lag ich da und hatte solch einen Schmerz in meinem rechten Knie. Leute liefen vorbei und schauten mich komisch an. Das war mir egal, damit hatte ich nichts am Hut, interessierte mich nicht.

Ich wusste eines, dass ich aufstehen musste, nur auf dem Eis ging es nicht. Also robbte ich mich zur Seite, da wo sich die Leitplanken befanden. Daran zog ich mich hoch und bemerkte, dass mit meinem Knie etwas nicht stimmte. Oh Mann, hatte ich Angst, solche Angst, es war außerhalb meiner Kontrolle. Ich hatte es nicht im Griff und die Zeit im Nacken, denn während ich eine Runde gedreht habe, war meine Freundin einkaufen und sie hatte kein Handy dabei. Ich lag jetzt halb gekrümmt an der Leitplanke und hielt mich fest.

Es war der Horror, ich musste zu meinem Auto laufen, waren meine Gedanken. Nach gut einer Stunde hatte ich die 200 Meter mühsam zurückgelegt. Vielleicht sagst du dir nun, der ist verrückt, er hätte doch einen Krankenwagen holen können. Ja klar, dass was alle machen, aber ich wollte es nicht, wollte die Kontrolle über mein Handeln nicht abgeben.

Als ich unten angelangt war, öffnete auf der anderen Straßenseite ein guter Bekannter die Ladentüre und fragte mich „Hey Ernst was machst du denn da?“ „Kannst du mir bitte ein Taxi rufen?“ „Ich rufe lieber den Notarzt.“ „Nein bitte ein Taxi.“ Er bat mich zu sich rein, ich war aber nicht imstande, die Straße zu überqueren, denn ich musste mich an der Leitplanke festhalten, sonst wäre ich wieder gestürzt.

Zwei Minuten später war das Taxi da und ich setze mich mühevoll in den Wagen. „Fahren wir zur Klinik Gut?“ „Nein, wir müssen zuerst meine Freundin suchen.“ Er fuhr los und wir drehten ein paar Runden in St. Mortiz Dorf, da sah ich sie am Straßenrand. Wir hielten an und sie stieg ein, die Wut über meine Verspätung war im Nu verflogen. Jetzt ging es um die Entscheidung, was ist zu tun? So konnte es nicht weitergehen, das war ein Ding der Unmöglichkeit. Also musste ich zum Doc, da gab es in Samedan das Krankenhaus und in St. Moritz die Klinik Dr. Gut.

Ich ließ mich zur Klinik fahren. Mit Unterstützung meiner Freundin und des Taxifahrers schaffte ich es bis an die Rezeption. Dort wurden die Formalitäten aufgenommen. Ich konnte mich einigermaßen am Tresen festhalten. Die Klinik wollte eine Anzahlung. Zum guten Glück hatte ich den ADAC, der regelte alles für mich, eine großartige Institution und ich bin heute immer noch Mitglied.

Humpelnd und mit Unterstützung ging es ins Wartezimmer. Da meinte einer der Damen am Empfang „Oh, ist es so schlimm?“ Die Ladys waren es anscheinend nicht gewohnt, dass man von alleine kommt. Im Wartezimmer war es nicht gerade erbauend, all die Leute zu sehen. Laufend kam der Hubschrauber oder die Ambulanz angefahren. Nach über eine Stunde fragte ich nach, wie lange es noch dauert. Sie wären heute arg im Stress und es würde noch eine Weile dauern. So was mag ich gar nicht, aber was sollte ich tun? Nach Samedan ins Krankenhaus, nein danke!

Endlich war ich an der Reihe, Hose runter beim Doc. „Oh je, oh je das sieht aber nicht gut aus." „Was heißt das?" „Ich denke da ist einiges nicht in Ordnung, aber wir schicken sie zum MRT und dann wissen wir mehr." Alle waren sehr nett und zuvorkommend, also ab zum MRT und dann kam die Bilanz. „Lieber Herr Crameri, es sieht nicht gut aus. Wir haben einen sogenannten Totalschaden."

„Was heißt das?" „Wir müssen operieren und dies gleich morgen früh." „Nein, niemals, ich lasse mich nicht operieren!" „Doch sie müssen." „Nein, ich muss gar nichts, ich muss weniger als nichts!" „Seien sie doch vernünftig, es geht nicht anders." Dann erklärte mir der Arzt alles und punktierte mein Knie, um die Flüssigkeit aus dem Gelenk zu holen.

Ich bekam eine Schiene, eine Lektion im Krückenlaufen. Das Ganze nicht leicht, vor allem die Treppe runter. Ich durfte dann mit einem Termin am 1. Januar, um 11.00 Uhr zur Op gehen, genau einen Tag später. Oh was war ich glücklich, noch ein wenig Galgenfrist zu haben. Dadurch konnte ich abends noch Silvester feiern, wenn auch nur im Sitzen. Die Nacht war nicht lustig, in Gedanken an meinen Op-Termin. Morgens packte ich meine sieben Sachen, denn ich sollte 5 Tage in der Klinik verweilen. Ich war pünktlich zur Besprechung da. Der Doktor meinte, alle Vorbereitungen seien getroffen.

Dann gab er mir ein Schreiben und erklärte mir, auf was es alles ankäme und was passieren kann. Ich war total begeistert, also Vollmacht für den Operateur und ich hatte das volle Risiko. Ja, so liebe ich es. Genau so hatte ich es mir vorgestellt und ich wollte nicht unterschreiben. Da meinte der Doc, dass ich das müsste. Nein nicht schon wieder, ich sagte ihm dann, dass ich noch eine kurze Bedenkzeit brauche. Mein Bauchgefühl sagte mir, dass es nicht gut sein kann.

Ich bat ihn darum, kurz den OP sehen zu dürfen und mein Zimmer. Beides gefiel mir überhaupt nicht und ich bat um ein schönes und großes Südzimmer. Die wären alle belegt und deswegen entschloss ich, dass nicht operiert wird. Du hättest das Gesicht vom Chefarzt sehen sollen. „Wie bitte, wir haben doch alles vorbereitet." „Nein, wir machen gar nichts!" „Das gibt es doch nicht, so was stures wie sie, haben wir noch nie gehabt." „Das ist mir egal, was ist die Alternative?" „Es gibt keine, wir müssen die Operation durchführen, wenn wir sie jetzt nicht machen, dann geht es erst wieder in einigen Monaten." „Das ist mir egal." Denn die Vorstellung, dass da Sehnen irgendwo rausgenommen werden, um sie ans Knie zu befestigen, schien mir schauerlich zu sein. „Seien sie doch vernünftig, die Dame die gestern mit der gleichen Diagnose da war, haben wir vorhin operiert!"

Dann sprach er meine Freundin an, mit der Bitte, sie sollte mit mir sprechen und mich buchstäblich zur Vernunft bringen. Ein Blick von mir und sie meinte „Er ist alt genug, wenn er das so will." Das sauere Gesicht des Doc's wurde noch saurer, ist ja klar, denn ihm ging ein gutes Geschäft durch die Lappen. „Dann müssen sie aber jeden Tag zum Punktieren und zur Krankengymnastik kommen, nicht dass das Knie versteift."

Das tat ich gerne und irgendwie hat es meine Mutter mit bekommen, denn St. Moritz ist ja ein Dorf, was ich fabriziert habe. Das fand sie nicht lustig, dass ich solch ein Spektakel mache, vor allem wenn ein Doc etwas sagt. Es war mir egal, denn es war mein Knie. Um die Geschichte abzukürzen, ich musste nach Deutschland zurück und der ADAC schlug vor, mich mit der Ambulanz abzuholen. Mein Auto sollte in den nächsten Tagen überführt werden, das hat mir nicht gefallen, in keinster Art und Weise.

Die Vorstellung, die gesamte Strecke mit dem Krankenwagen zu fahren, machte mich noch kränker. Deswegen einigten wir uns auf einen Deal, der ADAC gab mir das Geld für die Fahrt mit dem Krankenwagen und ich flog mit dem Privatjet zurück. Es war nicht leicht in den Flieger einzusteigen, aber dann war die Geschichte innerhalb von 34 Minuten beendet. Das heißt, die Flugzeit von St. Moritz nach Speyer am Rhein dauerte 34 Minuten, im Gegensatz zu 7 - 8 Stunden mit dem Krankenwagen.

In Deutschland ging ich zum Orthopäden, ein alter Hase aus der Berufsgenossenschaftsklinik. Dieser meinte zu mir „Das hast du sehr gut gemacht, man lässt sich in Skigebieten nie operieren. Da wird mit einer heißen Nadel flink gearbeitet.“ Nach der Untersuchung und der genauen Betrachtung der Aufnahmen meinte er „Das bekommen wir auch ohne Operation hin.“ Mein Gott, was war ich glücklich darüber. Dann hat es aber noch sehr lange gedauert und der Physiomann meinte, ich sollte zu einem Spezialisten nach Frankfurt gehen. Eine Kapazität für Knieprobleme, vor allem bei Sportlern. Der meinte, da müssen wir mal abwarten.

Die normale Physiotherapie hat nicht viel gebracht, da habe ich es mit der sogenannten Wasserphysiotherapie probiert und siehe da, es ging zügig voran. Ganz beschwerdefrei wurde ich aber nicht. Da meinte mein Steuerberater zu mir, es gibt in Sizilien ein paar Inseln, dort geht er seit drei Jahrzehnten hin und hat schon manche Heilung erlebt. Ich wollte davon nichts wissen, aber er hat nicht lockergelassen und sagte zu mir „Ich frage sie das letzte Mal, ich fliege nächste Woche dort hin, wollen sie mitkommen?“ Nachdem ich noch Beschwerden hatte und leicht humpelte, entschloss ich mich nach Italien zu fliegen. Am dritten Tag stieg ich aus dem Schlammloch, ein natürlicher Fango und da meinte mein

Steuerberater „Sie humpeln ja gar nicht mehr." Ich konnte es zuerst nicht fassen und dennoch, es war so. Ich war unendlich glücklich, über meine Heilung ohne Operation. Das hatte ich meinem Bauchgefühl zu verdanken, das mich vor einer Operation warnte.

Du hast Streit

Da kannst du dich reinschicken und so weiter machen. Das ist eine Form sein Leben zu verbringen oder du steigst aus dem Thema aus. Das finde ich sinnvoller, denn das bringt doch nichts. Kostet dich nur Kraft und Lebensenergie, ist es das, was du möchtest? Hier höre ich häufig „Der andere ist doch schuld!"

Das heißt aber noch lange nicht, dass du alles mitmachen musst. Es ist nach wie vor deine freie Wahl. Wenn es nicht um dein Leben geht, sehe es bitte gelassen. Denn es gibt Dinge zwischen Himmel und Erde, die kannst du ändern und andere niemals. Darum mache es dir zur Maxime, wo du etwas ändern kannst, tue es unbedingt und wo nicht, lass es. Dein Leben wird fortan wesentlich friedlicher, glücklicher und in ruhigeren Bahnen verlaufen.

Du hast die Wahl, ist das nicht wundervoll

Ich hoffe dir anhand dieser Beispiele aus meinem Leben, die Freiheit rüber gebracht zu haben, die dir zusteht. Sei dir dessen bitte bewusst und lebe diese. Denke an die Alternativen und gehe denen nach. Dann gelangst du zu einer Entscheidung, wie du es machst. Ich freue mich sehr für dich, dass es zu einer Änderung deiner Einstellung gekommen ist. Davon gehe ich aus und wenn nicht, reflektiere bitte darüber, denn es kann nur besser werden.

Baue dein Lebenswerk aus

Konzentriere dich lieber auf dein Lebenswerk, das ist effektiver, als sich überhaupt noch mit etwas Negativem abzugeben. Ein Lebenswerk ist etwas Großes, was über den Tod hinaus geht. Es ist so gigantisch und einmalig, genau dies musst du dir unbedingt gönnen, um damit in die absolute Freiheit zu gelangen. Es gibt in der Tat nichts Schöneres und Gigantischeres. Wenn du ein Lebenswerk hast, dann kann dich nichts irritieren.

Hast du ein eigenes Lebenswerk

Diese Frage verneinen die meisten Menschen. Das ist schade, denn jeder Mensch hat eine bestimmte Aufgabe in seinem Leben, die er zu erfüllen hat. Ob er das wahrhaben möchte oder nicht. Jeder Mensch ist mit einer großen Aufgabenstellung auf die Welt gekommen, eben sein Lebenswerk.

Glück ist, wer sein Lebenswerk entdeckt hat

Ist das nicht wundervoll, viele suchen nach dem vermeintlichen Glück und finden es nicht. Weil sie keine sinnvolle Lebensaufgabe ihr Eigen nennen. Das ist schade, wird dadurch kostbare Lebensenergie vergeudet. Unser Leben hier auf Erden hat aber ein Ablaufdatum. Schauen wir es uns expliziter an, du kommst auf die Welt und du hast, wenn alles gut geht, circa 80 Jahre zu leben. Was hat das zu bedeuten?

- **80 Jahre** scheinen relativ viel zu sein, in Monaten sind es genau
- **960 Monate**, in Wochen sind das
- **4.160 Wochen**, in Tagen sind das
- **29.200 Tage**, in Stunden sind das
- **700.800 Stunden**

Wie ist dein Empfinden, wo du dir das anschaust? Wenn ich diese Fakten bei meinen Coachings und Seminaren auf den Flipchart schreibe, sind die meisten erschrocken, um nicht zu sagen sogar erschüttert. Das ist fatal und nicht besonders lustig, trifft es doch genau den innersten Kern unseres Lebens. Was können und müssen wir daraus lernen? Dass die Jahre bei der Zahl 80 relativ viel sind, jedoch auf Stunden und Tage ausgerechnet relativ gering.

Was lernen wir daraus

Vergeude bitte ab sofort keine Zeit und mache dich zügig auf den großen Weg, auf deinen Lebensweg. Finde heraus, was deine Lebensaufgabe ist und dann lebe diese. Du hast nur ein einziges Leben, wenn wir die Inkarnationslehre weglassen. Also bleiben uns wirklich nur ein paar Stunden übrig, um eine gigantische Meisterleistung an den Tag zu legen. Wir haben keine andere Chance, außer wir möchten vor uns hindümpeln und das war es dann. Du hast selbstverständlich die Wahl. Wenn du nicht klarkommst, kontaktiere uns. Gerne helfe ich dir dabei, deinen ureigenen Lebensweg zu finden.

Lobe dich

Das ist ein dringlicher Aspekt, dass du dich konsequent lobst und auch deine Mitmenschen. Denn des Lobes kann es nie genug geben, das ist leider so und darum ändere es. Loben ist letztlich wie düngen. Du weißt ja selbst, wenn man eine Pflanze nicht ab und zu düngt, geht sie ein. Loben ist tatsächlich wie der Dünger, klare und wundervolle Nährstoffe, die dazu dienen, dass deine Seele und dein Unterbewusstsein alles bekommt, was es benötigt. Den Menschen in deinem Umfeld tut dies selbstverständlich auch gut. Am Anfang werden diese dich etwas komisch anschauen, ungläubig, dass jemand sie lobt. Aber es wird sie glücklich machen und man wird sich gerne mit dir abgeben.

Eigenlob stinkt

Das höre ich relativ häufig und ich finde es verheerend, solch einen Schwachsinn zu erzählen. Das machen aber nur Menschen, die das menschliche Prinzip nicht richtig verstehen, begreifen und umsetzen. Hier bedingt es wesentlich mehr Mechanismen, um es zu schaffen. Eigenlob stinkt nicht, sondern ist sogar elementar. Oder willst du stets darauf warten, dass andere dich loben? Da kannst du mitunter ein Leben lang warten und das ist nicht gut für dich. Folglich tu es lieber selbst und du wirst feststellen, dass dadurch dein Selbstwertgefühl steigt.

Lobe andere Menschen

Das ist die nächste Aufgabe, dass du deine Mitmenschen lobst und dies immer öfter. Denn den meisten geht es genau so wie dir, sie erhalten alle zu wenig Lob. Gerügt werden die meisten häufig für Fehler, welche sie gemacht haben, aber gelobt für gute Leistungen, ein gepflegtes Aussehen, ein edles Schmuckstück, da können sie lange warten. Oftmals ist es auch Neid, warum nicht gelobt wird. Darum steige auf, wie der Messias des Lobes und hilf den Menschen mit, dass diese sich in ihrem Körper, mit ihrer Seele und dem Geist wohlfühlen. Es ist eine traumhafte Aufgabe, die du da übernimmst und ich kann dir eines versichern, es kommt zigfach auf dich zurück. Du wirst durch dieses Verhalten bereichert werden. Bevor du es womöglich ablehnst, tue es bitte und dein Leben verändert sich rasch zum Positiven und Lebensbejahenden.

Tun oder nicht tun, du hast wie immer die Wahl

Die Wahl zu haben, ist gigantisch. Ich bin froh, dass ich das für mich, und meine Mitmenschen entdeckt habe. Für mich gibt es nichts Schöneres, als so durch die Welt zu schreiten. Stets in Anbetracht aller Möglichkeiten, die es auf dieser Erde gibt. Packe es heute an und du erlebst einen wundervollen Traum. Du machst dir und deinen Mitmenschen eine große Freude, wenn du dich und dein Umfeld lobst.

Bevor du weiterliest, lobe dich eine Runde

Du weißt es sicherlich, nicht durch das Wissen kommt man im Leben voran, sondern durch die Anwendungen, dies permanent und darum tun wir es ab sofort. Loben, loben und nochmals loben, muss ab heute die Devise sein. Schreibe fünf Punkte auf, bei denen du dich selbst lobst.

1.) ______________________________

2.) ______________________________

3.) ______________________________

4.) ______________________________

5.) ______________________________

Wie ist dein Empfinden, jetzt wo du nochmals drüber liest, es reflektierst? Doch sicherlich ein wundervolles und glücklich machendes Gefühl. Vielleicht ist es noch ein wenig ungewohnt, das ist weiters nicht schlimm. Du gewöhnst dich sehr schnell daran, es wird zu einem festen Bestandteil deines Lebens. Du machst ab sofort anderen und dir eine Freude, in dem du deine Mitmenschen und dich lobst.

Dein Fazit: ____

Trage endlich Verantwortung

Das hört sich doch stark an. Endlich Verantwortung für sich und sein Leben zu übernehmen und genau damit hört das Gejammere und Geklage sofort auf. Weil in dem Moment, wo du dies tust, hast du das Zepter in der Hand und niemand anderes. Du bist der Meister, welcher alles ändern kann, bist dadurch sehr machtvoll und das ist wichtig, dass du es bist und lebst.

Was bedeutet Verantwortung

Im Wort Verantwortung ist klar die Antwort auf dein Leben und dein gesamtes Handeln enthalten. Das ist nämlich das Entscheidende, dass du es hundertprozentig übernimmst. Nicht deine Eltern, dein Partner, der Staat, sonst eine Person oder Institution ist für dich verantwortlich. Du bist es und darum lebe es in vollen Zügen. Freue dich darüber, dass du es endlich erkannt hast, und dadurch ein Teil vom Ganzen bist.

Wer Verantwortung trägt, hat die Macht über sein Leben

Diesen Satz solltest du bitte nochmals lesen, denn er beinhaltet alles. Ich möchte niemals, dass andere Menschen Macht über mein Leben haben, mich manipulieren und ich denke, das wäre auch nicht in deinem Sinne. Darum hast du dich dazu entschieden und freust dich sehr darauf, es hundertprozentig zu leben. Es ist dein gigantisches und großartiges Leben, du hast es in deinen Händen. Ich freue mich riesig für dich. Daher passe sehr gut auf und trage stets die Verantwortung für dich.

Glaube an dich und dein Leben

Wenn du es nicht tust, wer soll es dann tun? Glaube nur nicht, dass viele Menschen an dich glauben. Noch nicht einmal die aus den eigenen Reihen, die Familie. Kaum vorstellbar, so ist es aber und das ist traurig. Der Neid und die Missgunst sind zu groß und gigantisch. Darum ist es wichtig, dass wenigstens du an dich glaubst, damit hast du alles gewonnen.

Der Glaube kann Berge versetzen
Das hast du bestimmt schon in der Bibel gelesen und daran solltest du dich halten. Mit einem felsenfesten Glauben funktionieren die Dinge leicht und zügig. Es ist wirklich ein Traum, so durchs Leben zu schreiten. Nichts, aber auch nichts kann dich jemals aufhalten. Du bist frei in all deinem Handeln und Tun. Welch ein wundervolles und erhabenes Gefühl, da in dir aufkommt.

Sage dir jeden Tag, ich glaube an mich
Wenn du damit anfängst, wird sich dein Leben wesentlich mehr intensivieren und du erlebst Freude pur. Das wünsche ich dir von ganzem Herzen, ich kann es aber nur wünschen. Tun musst du es selbst, permanent aufs Neue und nimmer müde werdend. Das ist wichtig, denn wenn du müde wirst, fällst du sofort in die alte Welt zurück. Das geht so zügig, dass man es oft erst im Nachhinein checkt. Konzentriere dich ausschließlich auf das Positive und absolut Lebensbejahende, das macht dich unendlich glücklich und zufrieden.

Hole dir einen Erfolgscoach und Erfolgsproduzenten

Es ist dringlich, dass du dir einen Erfolgscoach und Erfolgsproduzenten holst. Dadurch verändert sich deine Welt rasch zum Positiven. Du kommst wesentlich leichter und schneller voran, als wenn du alles nach dem Prinzip von Versuch und Irrtum lösen möchtest. Das ist zu kompliziert und komplex, denn du wirst es eh nur auf deine Art und Weise tun. Diese ist aber nicht optimal, denn es sind alte Gewohnheiten verankert und die Ergebnisse, welche du damit erzielt hast, sind hinlänglich bekannt. Mit solch einer Vorgehensweise hast du bestimmt auch schon Lehrgeld bezahlt.

Lasse dir helfen

Ich bin erstaunt, wie viele Menschen das letztlich ablehnen von wegen „Das brauche ich nicht, ist zu teuer. Alles nur Quatsch!“ Solche Aussagen finde ich fatal, um nicht zu sagen dümmlich, denn du kannst nicht alles wissen und können. Wenn du mehr in deinem Leben erreichen möchtest, hole dir einen Mentor, der den Weg bereits gegangen ist. Sich exakt auskennt und weiß, wie die Mechanismen funktionieren. Das ist in jeder Hinsicht eine Quelle der absoluten Inspiration.

Coaching heißt fordern

Du wirst von deinem Erfolgscoach und -produzenten gefordert und gefördert, das ist sehr spannend. Du kennst es doch selbst, ja man ist unterwegs. Bemüht, aber so richtig gelingt es einem nicht. Ich nenne das die berühmte Schwachstromnummer, nichts Halbes und nichts Ganzes. Aber damit kommst du nicht voran, wenn wir es machen, dann machen wir es richtig und stets eine gigantische Meisterleistung daraus. Denn wir sind ja angetreten, um zu gewinnen und erfolgreich zu sein. Das ist unsere Motivation und unser Spirit, für die tägliche Umsetzung des Ganzen.

Coaching heißt fördern

Neben dem Fordern ist auch der Part des Förderns dringlich und hilft wundervoll voranzukommen, mit Motivation es umzusetzen. Ich wünsche mir von Herzen für dich, dass du in den Genuss von hochkarätigem Coaching gelangst. Das tut unendlich gut und die Welt verändert sich dadurch zügig. Denn du sparst durch das Wissen deines Mentors enorm viel kostbare Lebenszeit. Du weißt ja, dass diese sehr begrenzt ist und deshalb müssen wir kostbar mit dieser Ressource umgehen.

Hier noch ein paar Parameter für dich, bezüglich Coaching

Es gibt jeden Tag zig Tausende von Menschen, die aufstehen und in das Coachinggeschäft einsteigen. Es herrscht zurzeit wirklich eine Goldgräbermentalität. Ein paar wichtige Parameter für dich, damit du stets den Überblick behältst.

- Dein Coach sollte mindestens 20 Jahre auf dem Markt sein
- Dein Coach sollte mehrere eigene Firmen leiten
- Dein Coach sollte Mitarbeiter haben
- Dein Coach sollte Vorträge halten
- Dein Coach sollte Bücher schreiben

Das sind die Mindestanforderungen. Denn ein Coach, der kein eigenes Geschäft mit Mitarbeitern leitet, nicht etliche Jahre auf dem Markt ist, keine Vorträge hält und Bücher schreibt, was soll er dir erzählen? Wie soll er dir da helfen? Auf welchen Fundus kann er zurückgreifen? Auf das Erlernte, das Studierte, dies ist reine Theorie. Du weißt doch selbst, dass die Praxis eine völlig eigene Sprache spricht. Diese ist durch nichts zu ersetzen. Darum achte darauf, dass die Parameter stimmig sind.

Wenn du Hilfe benötigst, kontaktiere uns

Der schnellste und direkteste Weg ist, du schreibst uns eine E-Mail und dann machen wir einen Telefontermin aus. Diese erste Beratung oder das erste Coaching, ist für dich selbstverständlich kostenlos und gibt dir einen reellen Einblick, über die Möglichkeiten, welche vorhanden sind. Danach entscheiden wir gemeinsam, ob wir das Coaching weiterführen oder nicht. Denn auch die Chemie muss stimmen und eine gewisse Vertrauensbasis vorhanden sein.

Abschlusswort

Lieber Leser,

das war eine Freude zu schreiben, wenn du mich jetzt sehen würdest, ein Strahlen breitet sich über meinem Gesicht aus, ich bin glücklich und unendlich dankbar, dass es ein weiteres Buchwerk aus meiner Feder gibt.

Ich habe für dich über meinen Tod hinaus ein Meisterwerk geschaffen. Denn das Geschriebene bleibt für immer erhalten und ist nie mehr auslöschbar. Ich habe erneut Spuren hinterlassen, in dir, deiner Seele, deinem Herzen, deinem Geist, letztlich in deinem gesamten Sein.

Das erfüllt mich mit riesiger Freude und einer unendlichen Dankbarkeit. Dankbarkeit für die Inspirationen aus meinem sehr reichhaltigen Leben, es zu Papier gebracht zu haben und es nun in deinen Händen liegt. Das alles bringt so viel Glück in mein Herz, allein der Gedanke daran, dass du damit ein wesentlich schöneres und glücklicheres Leben führen kannst.

Wenn ein Buchwerk zu Ende ist, habe ich wie immer ein weinendes und ein lachendes Auge. Ein Weinendes, weil es vorbei ist, das Werk ist vollbracht, möge es vielen Menschen zum großen Segen werden. Ein Lachendes, ich weiß eines, Erfolgreiche sehen sich immer wieder. Deswegen freue ich mich, dich bei einem meiner Seminare, auf Events oder Büchertaufen kennenlernen zu dürfen.

Mache dich auf den Weg und besuche uns. Mit erfolgreichen Menschen auf Reisen zu gehen, ist ein absoluter Traum. Mit erfolgreichen Menschen zu lernen ist wundervoll und der Austausch gigantisch.

Sich mit Erfolgreichen zu bewegen, ist das Schönste, was man sich überhaupt nur wünschen kann. Das ist Motivation pur, dies bereichert und beflügelt dich.

Höre dir für deine Inspiration täglich den Podcast an. Er steht dir kostenlos zur Verfügung unter ergebnisorientiert.com.

In diesem Sinne

alles Liebe und Gute

dein Ernst Crameri

Meine und unsere Dienstleistungen

Da ich der Meinung bin, dass das Leben spannend und aufregend ist, habe ich mich nie mit einer einzigen Sache begnügt. Ich wollte immer wesentlich mehr tun und haben. Ein Mensch hat unendliche Fähigkeiten, darum gilt die Theorie von „Schuster bleib bei Deinen Leisten" schon lange nicht mehr. Vergessen Sie das, und man den erlernten Beruf beibehalten sollte, ist auch ein Ammenmärchen. Das Leben ist vielseitig und spannend, wenn wir etwas daraus machen. Deshalb freue ich mich sehr, Ihnen die verschiedensten Dienstleistungen vorzustellen. Gemeinsam mit meinem Team ist es unser Anliegen, Sie in Ihrer Weiterentwicklung zu unterstützen, Sie zu verwöhnen und dazu beizutragen, dass Sie ein wundervolles Leben auf Erden führen können.

Hier die Dienstleistungen nach alphabetischer Reihenfolge
Wählen Sie aus dem großen Leistungsspektrum und fragen Sie nach den Konditionen. Gerne sind wir für Sie da und beantworten Ihnen alle Fragen, denn glückliche und begeisterte Kunden sind unser Ziel.

- Bücher
- Einzelbehandlungen (Fitness/Wellness/Schönheit)
- Erfolgsproduzent und –coachings
- Events
- Hoteltesting
- Hörbücher
- Mystery X Tests
- Naturkosmetik-Produkte
- Privat-Jet
- Reisen

- Seminare
- Vorträge

Bücher schreiben

Sie erhalten von uns Bücher, zu den verschiedensten Themen, rund um das Leben. Ebenso bieten wir Ihnen das Ghostwriting an. Das heißt, wir schreiben mit Ihnen und für Sie Ihr Buch. Ganz wichtig für Unternehmer, denn ein eigenes Buch schafft eine wunderbare Reputation. Wenn Sie ein neues Produkt auf den Markt bringen, ist es ideal, wenn Sie das passende Buch dazu anbieten. Als Fachmann zeigen Sie durch ein eigenes Buch eine hohe soziale Kompetenz.

Unsere Kunden, die sich von der Masse der Mitbewerber abheben wollen und damit einen anderen Nimbus erhalten. **Ärzte,** die ihre spezielle Behandlung publizieren. **Hotels,** die über ihr Haus mit besonderen Eigenheiten berichten. **IT-Firmen,** die etwas Neues entwickelt haben, weitere Firmen, quer durch alle Branchen und natürlich Privatpersonen.

Wieso Ernst Crameri: Weil er zurzeit bereits 67 Bücher geschrieben hat und weitere folgen. Weil er weiß, wie es in der Branche abgeht, welche besonderen Kenntnisse erforderlich sind, ein Buch zu schreiben und zum Erfolg zu bringen.

Einzelbehandlungen (Fitness/Wellness/Schönheit)

Wir leben nur ein Mal und unseren Körper nennt man auch den Tempel, in dem die Seele und der Geist wohnt. Damit der Organismus lange auf einem hohen Level funktioniert, ist es dringlich, dass wir ihn pflegen, für ihn da sind. Bei uns erhalten Sie Behandlungen von Kopf bis Fuß. Von intensiver Massage, über fernöstliche Behandlungen und den verschiedensten Spezialanwendungen. Näheres auf der Webseite www.wellness-einzelbehandlungen.de.

Unsere Kunden sind Menschen, die mehr für sich tun wollen. Den Zeitgeist klar erkannt haben, wie wichtig es ist, dass man sich behandeln und pflegen lässt. Vom jungen Menschen, bis hin ins höchste Alter hinein. Männer wie Frauen, die sich verwöhnen lassen.

Wieso Ernst Crameri: Weil er aufgrund der 40-jährigen Erfahrung einen riesigen Fundus an Wissen und Können mitbringt. Durch die Hotelberatungen und -tests weiß er auch, wie es läuft. Ein qualifiziertes Team an Behandlern wartet auf Sie.

Erfolgsproduzent – und coachings

Als Erfolgreicher ist eines wichtig, das Erfolgswissen weiter zu vermitteln und anderen Menschen zu helfen, zum Erfolg zu gelangen. Das ist in jeder Hinsicht eine wundervolle Aufgabe. Es gibt verschiedene Arten von Coachings, einmal vor Ort in den Firmen, dann am Telefon. Es geht mit täglichen und wöchentlichen Coachings los. Wenn eine Veränderung stattfinden soll, ist es dringlich, dass man dranbleibt. Denn die alten Gewohnheiten lassen sich nicht über Nacht über Bord werfen. Es ist stets ein längerer Prozess, ein Reifeprozess, der da stattfindet.

Wer sind die Kunden, von kleinen Kindern bis hin ins höchste Alter. Es sind Menschen, welche die stärkende und beschleunigende Funktion des Coachings für ihre Entwicklung nutzen möchten oder Menschen, die grundlegendes in ihrem Leben verändern möchten. Für die es so, wie bisher nicht mehr weiter gehen kann. Wichtig dabei ist der klare, eiserne Wille zur Veränderung. Von Einzelpersonen aus allen Schichten und Berufszweigen, bis hin zu großen Firmen.

Wieso Ernst Crameri: Weil er weiß, wie man aus Menschen Spitzenleistungen rausholt, diese mit einem Lachen und dennoch der nötigen Ernsthaftigkeit zum Erfolg führt. Erfolg ist kein Zufall, sondern planbar.

Events

Wir organisieren große Events, für die verschiedensten Veranstalter. Dabei übernehmen wir die komplette Dienstleistung der Lokationssuche, bis hin zum Catering und kompletten Handling, damit die Veranstaltung reibungslos abläuft. Unsere Erfahrung beruht auf der Organisation von vielen eigenen, wie auch Kunden-Events in der gesamten Welt. Viele Firmen vertrauen uns und lassen für ihre besten Mitarbeiter Incentives ausrichten.

Wer sind unsere Kunden, Firmen und Seminarveranstalter, die das Handling einem Profi überlassen. Genauso wie Einzelpersonen, die ein außergewöhnliches Fest, wie zum Beispiel Hochzeit, Geburtstag oder sonstige Festivitäten ausrichten.

Wieso Ernst Crameri: Events zu organisieren erfordert einen riesigen logistischen Aufwand, es sind viele Parameter, die zusammen spielen, damit es reibungslos über die Bühne geht. Ein qualifiziertes Team steht Ihnen mit Ernst Crameri während der Veranstaltung vor Ort zur Verfügung und managt den gesamten Ablauf.

Hotel- und Schiffstesting

Es gibt viele Hotels und auch Schiffe, die leider manchmal noch nicht ihre Performance erreicht haben. Sehr oft stimmt die Hardware komplett, jedoch die Software passt nicht. Beim Team, angefangen von der Direktion bis hin in die einzelnen Abteilungen, da klemmt es oft.

Wer sind unsere Kunden, von kleinen Hotels und Schiffen, bis hin zu großen Hotelketten und Reedereien. Alle Dienstleister, die bereit sind, eine höhere Wertschätzung den Kunden, den Gästen gegenüber aufzubringen und das Gastdasein auch entsprechend zelebrieren.

Wieso Ernst Crameri: Weil er 80% seiner Zeit on the way ist und dies fast immer in Hotels. Das hat ihn dazu bewogen, das Buch „Servicewüste Hotels" zu schreiben, vollgepackt mit Tipps und Know-how.

Ein Meisterwerk mit über 300 Seiten, geschrieben für den Gast als auch für den Hotelier und seine Mitarbeiter.

Hörbücher

Hörbücher als wunderbares Instrument, für die Fort- und Weiterbildung. Ideal beim Autofahren, als sogenannte rollende Universität, um neues Wissen zu erlangen. Ebenso beim Sport und auch im Alltag einsetzbar.

Wer sind die Kunden, von der Einzelperson bis hin zu Firmen, die für ihre Mitarbeiter die Hörbücher bestellen und verschenken. Oder sogar als Pflichtprogramm für das eigene Team einsetzen. Nur wer permanent trainiert, hat Erfolg.

Wieso Ernst Crameri: Weil er mit seiner Sprache voller Begeisterung, die Leute motivieren kann. Die Sprache und Ausdrucksweise muss fesselnd sein und die Zuhörer begeistern. Es muss im Gegenüber etwas ausgelöst werden. Ein sich Wiederfinden, um in die Umsetzung zu gelangen. Umso hilfreicher, wenn es in einer Sprache geschieht, die den Menschen eigen ist, keine hochakademischen Worthülsen, sondern Kommunikation auf Augenhöhe.

Mystery X Tests

Als Kunde in Geschäfte gehen und einkaufen, den Service, die komplette Dienstleistung zu überprüfen, um nachher die positiven wie negativen Seiten mit der Geschäftsleitung und dem Team zu analysieren. Danach in die Veränderung zu gehen, durch Training vor Ort.

Wer sind die Kunden, jeder der ein Geschäft hat und auf Servicequalität und Kundenzufriedenheit großen Wert legt. Denn die heutige Konkurrenzsituation ist riesig, wenn ein Kunde nicht zufrieden ist, geht er gleich. Dies gilt es zu vermeiden, und für die Kunden stets die allerbeste Leistung zu bieten.

Wieso Ernst Crameri: Weil er die Zusammenhänge schnell erkennt und die Firmen wieder in den positiven Mehrwertbereich für die Kunden führt. Jede Firma hat sogenannte Leichen im Keller, aber auch Goldadern. Erstere gilt es zu eliminieren und die Goldadern zu bergen, um Erfolg auf der ganzen Linie zu haben.

Naturkosmetik-Produkte

Herstellung und Vertrieb der eigenen Crameri-Naturkosmetik-Produktelinie, seit fast 30 Jahren. Kein riesiges Sortiment, sondern ein straffes und hochkarätiges, für jeden Hauttyp. Spannend auch als White-Labeling, die Produkte erhalten das Etikett des Kunden und sind somit seine eigene Produktlinie.

Wer sind die Kunden, der Endverbraucher, welcher jeden Monat die Produkte für den persönlichen Bedarf bezieht. Schönheitsfarmen, Kosmetikstudios, Friseure, Masseure, Physiotherapeuten, Farb- und Stilberaterinnen, Fußpfleger, Fachgeschäfte und Hotels beziehen die Produkte. Bei White-Labeling handelt es sich um Kunden.

Wieso Ernst Crameri: Weil die Crameri-Naturkosmetik GmbH seit 40 Jahren erfolgreich auf dem Markt ist, und Sie in ihr einen zuverlässigen Partner an Ihrer Seite haben. Von der Produktion bis hin zur Vermarktung.

Privat-Jet

Ein absoluter Traum, in den Privat-Jet einzusteigen und dies ohne lange Kontrollen und Warten. Die Maschine steht bereit, die Triebwerke angemacht, Sie fahren an und wenige Minuten später befindet sich der Jet bereits in der Luft. Schneller und bequemer geht es nicht.

Wer sind die Kunden, Einzelpersonen, die schnell von A nach B müssen. Skiflüge nach St Moritz, zum Autorennen nach Monte Carlo, nach Sylt und weitere spannende Flüge. Firmen, die ihre besten Kunden oder Mitarbeiter zu einem Incentive einladen. Auch Privatpersonen, die das Besondere lieben.

Wieso Ernst Crameri: Weil die Firma seit über 29 Jahren in diesem Metier vertreten ist. Ernst Crameri ist in der Regel stets persönlich dabei und betreut die Gäste vor Ort.

Reisen

In die gesamte Welt, am meisten Kreuzfahrten auf Flussschiffen und auf den Weltmeeren. Mit wunderbaren Rahmenprogrammen, wie besonderen Ausflügen, Vorträgen und Seminaren. Ebenso exklusive 5* Hotels, auf der ganzen Welt.

Wer sind die Kunden, Einzelpersonen, die gerne auf den Events dabei sind und Firmen, die Incentivereisen für ihr Team und ihre Kunden durchführen. Die besondere Belohnung für außergewöhnliche Menschen.

Wieso Ernst Crameri: Weil er die schönsten und besten Schiffe persönlich kennt. Bei den Reisen meistens selbst dabei ist, sodass der direkte Kontakt gegeben ist. Und wenn er nicht dabei ist, gibt es perfekte Betreuung durch sein qualifiziertes Team.

Seminare

Zum Thema Erfolg und alles, was damit zusammenhängt, ganzheitliche Rhetorik, Erfolgsdenken, Geldseminare, Ausbildungen zum Beauty&Wellness-Spezialisten, Social Media und vieles mehr.

Wer sind die Kunden, Einzelpersonen, die sich fort- und weiterbilden möchten. Firmen, die ihr Team zum Training und zur Ausbildung schicken.
Wieso Ernst Crameri: Durch Tausende von Schulungen und Semina-

ren, Top im Training und stets auf dem Laufenden. Ferner Mitglied bei der GSA, German Speakers Assoziation. Mit großer Leidenschaft und Begeisterung auf vielen Veranstaltungen dabei. Seminare von der Wiege bis zur Bahre, ist eine seiner Maximen.

Vorträge

Spannende und fesselnde Vorträge vor kleinem und großem Publikum. Vorträge zu den verschiedensten Themen rund um das Thema Erfolg, Durchhaltevermögen, Zielsetzung, Lebenswerke und zum kompletten Persönlichkeitsthema.

Wer sind die Kunden, Organisationen, die ihn engagieren, Verbände, Vereine und Firmen. All jene, die Idee, Gedanken, Innovationen zulassen und die Veränderung im heutigen Zeitalter bewirken möchten. Die den Weg schaffen wollen, in eine Welt des Erfolges. Ebenso offene Seminare, die von Ernst Crameri direkt durchgeführt werden.

Wieso Ernst Crameri: Durch die brillante Sprache und Ausdrucksweise, ein fesselnder Redner, welcher das Publikum begeistert. Sein Schweizer Akzent und Humor begeistert die Zuhörer im In- und Ausland. Vorträge in Rätoromanisch, Italienisch, Französisch, Hochdeutsch und Schweizer Deutsch. Gewinner des internationalen Speaker Slam Awards.

Bei Fragen wenden Sie sich bitte direkt an

Crameri-Naturkosmetik GmbH
Mannheimerstr. 11b
67098 Bad Dürkheim
Tel. 0049-6322-5734
Fax 0049-6322-66071
E-Mail: Sekretariat info@crameri.de
Geschäftsleitung: gn@crameri.de
Website: www.crameri.de

Ein Auszug aus unseren Werken

Ein Millionär als Traumpartner

ISBN: 978-3-86689-000-8
19,80 € (D)

Fange endlich an zu leben

ISBN: 978-3-86689-001-5
19,80 € (D)

Wahrheit und Klarheit im Kosmetik- und Wellness-Institut

ISBN: 978-3-86689-002-2
19,80 € (D)

Horror - Eingewachsene Zehennägel

ISBN: 978-3-86689-003-9
19,80 € (D)

Gib niemals auf, sei kein Verlierer

ISBN: 978-3-86689-008-4
19,80 € (D)

Bist Du ein Mörder?

ISBN: 978-3-86689-004-6
19,80 € (D)

Bist Du ein Huhn oder ein Adler

ISBN: 978-3-86689-018-3
19,80 € (D)

Der unendliche Schmerz der Verlassenen

ISBN: 978-3-86689-009-1
19,80 € (D)

Servicewüste Hotels

ISBN: 978-3-86689-010-7
29,80 € (D)

Hast Du auch diese schlimme Krankheit – Verschieberitis

ISBN: 978-3-86689-005-3
24,80 € (D)

Wieso hast Du so wenig Durchhaltevermögen

ISBN: 978-3-86689-006-0
19,80 € (D)

Höre endlich auf zu jammern

ISBN: 978-3-86689-022-0
19,80 € (D)

Sage endlich was Du willst, damit Du das bekommst, was Du willst

ISBN: 978-3-86689-014-5
19,80 € (D)

Sprich nie mehr negativ

ISBN: 978-3-86689-013-8
19,80 € (D)

Die 20 Erfolgsverhinderer

ISBN: 978-3-86689-021-3
24,80 € (D)

Alles hat seinen Preis

ISBN: 978-3-86689-0206
19,80 € (D)

Lifelong learning
und Du wirst unschlagbar

ISBN: 978-3-86689-015-2
19,80 € (D)

Beschwerdemanagement
die Chance Fans zu gewinnen

ISBN: 978-3-86689-025-1
19,80 € (D)

Mit dem Erfolgsbuch
zum Erfolg

ISBN: 978-3-86689-017-6
19,80 € (D)

Hast Du Deine große
Lebensvision

ISBN 978-3-86689-019-
19,80 € (D)

Ungeduld ist der Tod jedes Erfolges

ISBN: 978-3-86689-026-8

19,80 € (D)

Vita von Ernst Crameri

Ernst Crameri erblickte im Oktober 1959 in St. Moritz (Schweiz) das Licht der Welt. Er wuchs in einem einfachen Elternhaus auf. Als kleines Kind machte er meist das Gegenteil von dem, was von ihm erwartet wurde. Im Kindergarten und der Schule ging es oft rund. Als Heranwachsender machte er jeden Streich mit, und durfte dafür an freien Nachmittagen im Sommer Rasen mähen und im Winter zum Schneeschaufeln auf dem Schulhof antreten.

Sein Traum war, ein Leben im Reichtum. Prägend waren vier Schlüsselerlebnisse. Im Winter wollte er neue Skier und einen Skipass. Sein Vater konnte nicht beides kaufen. Da ging er mittags nach der Schule in ein Kohle/Holzlager. Dort schaufelte er Kohle und stapelte Holz. Dadurch konnte er sich mit 12 Jahren einiges leisten. Dieses Gefühl der Freiheit war für ihn gigantisch. Das zweite Erlebnis war in der Schule, wenn es galt einen 2 bis 3-seitigen Aufsatz zu verfassen. Er fand das super, und so wurden es meist Werke mit über 30 Seiten. Diese Aufsätze wurden vorgelesen und prämiert.

Sein Traum war Koch zu werden und so schickte ihn sein Vater nach Lenzerheide, zu einem Cousin, der einen Hotelbetrieb führte, in die Schnupperlehre. Gleich musste er als Koch einspringen und die Schikanen nahmen täglich zu. Als er das Zimmer mit weiteren Mitarbeitern teilen musste und sein erster Lohn aus dem Zimmer gestohlen wurde, ging es den Berg runter.

Sein Vater war begeistert, dass die Verwandtschaft aus Ernst einen lebensgerechten Menschen formt, ganz nach seinem Geschmack. Die Mutter war den Tränen nahe, als ihr Sohn die Lehre aufgab. Ernst griff zur äußersten Maßnahme und legte sich beim Unterricht mit dem Rektor an. Er flog im hohen Bogen von der Schule und damit war automatisch das Thema Kochausbildung beendet. Dies war das dritte Schlüsselerlebnis.

Danach begann er in St. Moritz in einem Sportgeschäft eine Lehre als Kaufmann. Der zweite Tag, kurz vor Feierabend brachte den Durchbruch. Da kam eine südamerikanische Familie ins Geschäft. (12 Personen) Das Oberhaupt sagte einen einprägsamen Satz „We need only the best" das kannte er bisher nicht. Nach gut einer Stunde war der Einkauf beendet und Ernst durfte an der Kasse eintippen, da stand die Zahl von CHF 128.000,00. Der Chef fragte ihn „Was schaust Du so?" Er zeigte auf die Kasse und da meinte der Inhaber „Daran wirst Du Dich gewöhnen!"

Das war für ihn eine neue Welt. Kurz darauf kam der Skilehrer, der die Familie gebracht hatte, ins Geschäft und bekam CHF 12.800,00 für die Vermittlung. In dem Moment war für Ernst klar, dass er den Weg gehen wird. Nach der Lehre verließ er das Sportgeschäft. Im Winter war es klar, den Weg als Skilehrer zu gehen. Die Überbrückung war das Thema, also was tun im Sommer und so arbeitete er eine Zeit lang als Hilfsarbeiter bei einer Dachdeckerei.

Es war nicht der Traumjob, er brauchte aber Geld und damit wieder Unabhängigkeit. Der Versuch als Tennislehrer oder Golflehrer tätig zu sein, war von kurzer Dauer. Er heuerte bei einer Baufirma an. Wenige Tage später stellte ihm jemand ein Bein, obwohl niemand in seiner Nähe war und er rutschte den Hang herunter. Notarzt, Intensivstation und Therapie. Er ging ins Heilbad zur Therapie. Dort freundete er sich mit einem der Therapeuten an und fand Gefallen an dieser Arbeit.

Er ließ sich zum Masseur und Therapeuten ausbilden. Sein Traum war, auch Kosmetiker zu sein. Das war zur damaligen Zeit ein Ding der Unmöglichkeit. Die Schulen wollten von einem Mann nichts wissen. Ergo sprach er mit einer Kosmetikerin und machte mit ihr ein

Geschäft, sie bekommt regelmäßig Massagen und bildet ihn dafür zum Kosmetiker aus. Ernst war immer sehr schnell lösungsorientiert. Im Winter war er als Skilehrer tätig. Morgens vor Skibeginn, fuhr er mit seiner tragbaren Massageliege von Villa zu Villa, von Hotel zu Hotel. Danach den Tag über Skiunterricht und abends wieder Massagen und Kosmetikbehandlungen.

Danach als Discjockey, bis frühmorgens. Kurz ins Bett und dann ging es wieder von vorne los. Im Sommer besuchte er seine Gäste im In- und Ausland. Abgeholt von Privatjets, auf Jachten, in Villen. Da verliebte er sich in die Tochter eines Industrieellen. Das fand der Vater nicht so gut. Einen Tag später musste er die Villa verlassen, das war ein herber Schlag in seinem vermeintlichen Erfolgsleben.

Dadurch verstand er, dass man nur reich ist, wenn man das Geld auch selbst in den Händen hält. Als Masseur, Kosmetiker, Skilehrer und Discjockey hatte er ein vierfaches Einkommen. Entsprach aber nie dem Einkommen seiner Gäste, die ihn als Skilehrer zum Beispiel zum Mittagessen einluden. Das kostete gleich mal CHF 600,00, und wenn er als Skilehrer essen ging, waren es gerade CHF 8,00! CHF 800,00 waren sein Monatslohn, das hat ihn sehr beschäftigt.

Für den Sommer hatte er für Australien einen Vertrag als Austauschskilehrer in der Tasche. In der letzten Woche lernte er eine Frau aus Deutschland kennen, die später seine Ehefrau wurde. Er hat es nicht übers Herz gebracht, wegzufliegen und stornierte den Vertrag. Er pendelte einige Jahre zwischen Deutschland und der Schweiz hin und her. Da er nicht als Angestellter arbeiten wollte, startete er mit der Selbstständigkeit als Masseur/Kosmetiker. Um überhaupt Fuß zu fassen, lief er von Haustüre zu Haustüre und klingelte. Ab und an ließ ihn jemand herein und so baute er sich einen kleinen Kundenstamm auf. Um sich stärker zu etablieren, engagierte er sich als Dozent an der Volkshochschule, beim Hausfrauenbund, bei Vereinen/Verbänden. Dadurch gelangte es ihm schnell, sich einen soliden Kundenstamm aufzubauen.

Später kam ein Haus der Schönheit hinzu, die ersten Schönheitsfarmen, eine eigene Naturkosmetik-Produktelinie. Permanente Fort- und Weiterbildungen im In- und Ausland. Er hat in der Schweiz die Chance erhalten, als Referent und Ausbilder für Gesundheitsberufe tätig zu sein. Das machte ihm viel Spaß vor Menschen zu stehen und sie zu lehren. Immer mehr Coachings kamen dazu, Trainings, Seminare und so baute er verschiedene Geschäftszweige auf. Sein größter Wunsch ist dank ganz viel Fleiß und Durchhaltevermögen in Erfüllung gegangen, für andere Menschen da zu sein und ihnen den Weg des Erfolges zu zeigen. Mit zurzeit über 67 Büchern, circa 200 Seminartagen und unzähligen Coachings ist er für die Menschen da. Sein großes Credo **„Es gibt ein Leben vor dem Tod!“**